真实打动世界

离婚律师都知道

刘胜飞 李湘 —— 著

图书在版编目（CIP）数据

离婚律师都知道 / 刘胜飞，李湘著. -- 北京：北京联合出版公司，2022.12（2022.12 重印）
ISBN 978-7-5596-6505-8

Ⅰ. ①离… Ⅱ. ①刘… ②李… Ⅲ. ①婚姻法－中国－普及读物 Ⅳ. ① D923.905

中国版本图书馆 CIP 数据核字 (2022) 第 191058 号

离婚律师都知道

作　　者：刘胜飞　李　湘
出 品 人：赵红仕
选题策划：北京真故传媒有限公司
责任编辑：周　杨
特约编辑：叶嘉莹　果旭军
封面设计：介末设计
内文版式：曾　杏

北京联合出版公司出版
（北京市西城区德外大街 83 号楼 9 层　100088）
北京联合天畅文化传播公司发行
北京中科印刷有限公司印刷　新华书店经销
字数 165 千字　787 毫米 ×1092 毫米　1/32　8.25 印张
2022 年 12 月第 1 版　2022 年 12 月第 2 次印刷
ISBN 978-7-5596-6505-8
定价：58.00 元

版权所有，侵权必究
未经许可，不得以任何方式复制或抄袭本书部分或全部内容
本书若有质量问题，请与本公司图书销售中心联系调换
电话：010-64258472-800　18049652382

目 录

一、妻子的彩礼案把我"逼"成了婚姻律师　　001
01 前男友出狱后，要求返还 200 万的彩礼　　001
02 如何证明"我名下的银行卡不是我在用"　　008
03 恋爱期间超过 5000 元的大额财物，都有权要回　　013
04 过了诉讼时效的彩礼，不需要还　　019
05 伪造的收据　　024
06 为什么要当庭宣读答辩状　　026

二、家暴：被婚前协议控制的女人　　035
01 为了自证清白，草草签下婚前协议　　035
02 家暴只有零次和无数次　　040
03 买保险不能避债　　047
04 与第三人恶意串通的债务不是夫妻共同债务　　053
05 从调解和好到调解离婚　　061
06 最容易得到法院采纳的家暴证据　　069
07 虚开增值税发票，最高可判十年以上有期徒刑　　075
08 恶意投诉原告方律师　　080
09 离婚案败诉后，与其上诉不如二次起诉　　087
10 律师不是心灵导师　　091

三、64.8 万元，买来女儿的冠姓权　　093
01 离婚官司现场，父亲没看女儿一眼　　093
02 女方分娩后一年内，男方不得提出离婚　　098
03 两次诉讼期间分居满一年，应当准予离婚　　104
04 改姓不归法院管　　107

四、非婚生子女的抚养费：未婚妈妈的追讨路　　114
01 独力抚养女儿的未婚妈妈　　114
02 生育决定权是女性独有的权利　　119
03 法律不可以强制个人做亲子鉴定　　123
04 父亲有千万财产，只给 1000 元抚养费　　126
05 断绝亲子关系在法律上可行吗　　131

五、婚前房产婚后加名，女方离婚时能分到多少　　135
01 房产加名，也无法拯救破裂的婚姻　　135
02 婚后加名的房产，离婚分割时不一定对半分　　139
03 "出轨"不是法定离婚事由　　145
04 家暴的认定标准　　151
05 谈判　　154
06 胁迫所得的证据，没有法律效力　　156

六、协议离婚的陷阱 163
01 精心策划的协议离婚 163
02 赠给对方的房子，只要没过户就可以要回 169
03 离婚协议中的财物赠与，不能随便返还 175
04 "一事不再理"原则 179
05 虚假诉讼，最高能判七年 188

七、婚内财产分别制协议惹出的遗产纠纷 192
01 "传宗接代"惹出的荒唐协议 192
02 即使签了财产AA制婚姻协议，妻子依然享有继承权 201
03 丈夫还活着的情况下，妻子放弃继承权的承诺无效 208
04 夫妻长期分居，不影响妻子的遗产继承权 215

八、夫妻财产分别制：婚姻不是合伙做生意 222
01 复制精英妻子 222
02 "夫妻公司"的资产不是夫妻共同财产 231
03 什么样的婚前财产协议才有效 238
04 谁主张谁举证 249

一、妻子的彩礼案把我"逼"成了婚姻律师

> 法律不问分手的原因是什么,不问结不成婚是谁导致的,更不管是谁先提出分手的。法官只管查明两个人确实已经分手,那么恋爱期间的大额赠与就应该退回。

01
前男友出狱后,
要求返还 200 万的彩礼

在法律生涯的第十七年,我第一次处理婚恋案件,那是我妻子与她前男友老陈关于婚约财产的纠纷。对方提出诉讼,要求我妻子返还连同房子首付、购车款在内超过 200 万元的彩礼,如果把他只出了首付的房子过户给他,双方的恩怨就一笔勾销。纠纷突如其来,那时我们新婚燕尔,女儿刚满周岁。这样一地鸡毛的剧情,是我从来没有想到的。

老陈起诉我妻子的这场官司,要从她的成长经历说起。

妻子李湘,"80 后",出生于中部地区的农村。她父亲在 20 世纪 80 年代末进城做包工头,家庭逐渐富裕,她在某省会城市读完中学和本科。但在她读研究生的时候,父亲生意失败,家里背上巨额债务,而她妹妹正在高中学艺术,一

家人入不敷出。屋漏偏逢连夜雨的李湘,一边读研一边去中专兼职讲课,以此支撑自己和妹妹的学业。研究生毕业那年是她最困窘的时候,一周要做5份兼职。

李湘当家教的一名学生的家长,见这个24岁的姑娘这么辛苦,于是安排她和一个有钱的老男人相亲。比她大十几岁的老陈就这样走进她的生活。老陈也是暴发户,早年靠服装生意和炒地皮发迹,但感情生活很失败,逢人便称自己单身,求人介绍对象。

他们见面后,老陈很喜欢李湘。但李湘对老陈没有特别的感觉,只是慢慢开始习惯了他对她的好,困难的时候有新的依靠。于是两人自然而然地在一起了。

没多久,在老陈的多次提议下,双方去见李湘父母。那天,老陈带上名烟、名酒,递上名片——上面印有"十大杰出青年"和几项"××公司董事长"的字样,向李湘父母表明了自己想娶李湘的决心。

李湘父母对老陈年龄比李湘大十几岁这点有很深的疑虑,但在李湘的强力说服和老陈成功人士形象的双重加持下,李湘父母当时不便多说什么。

后来,老陈经常转一两千块生活费给李湘,开奔驰车带礼物送李湘回家看父母,以成功人士的身份主动出现在李湘的亲戚朋友面前。这让两人的交往备受瞩目,也饱受争议。

李湘当时感觉很幸福,尽管老陈比她大不少,但他的出现让自己不用再为生存而奔波。

为了报答雪中送炭的老陈,研究生三年级的李湘便不待在学校了,几乎每天围着老陈转。她外表出众、气质不俗,再加上自小跟随父亲见识过各种生意场面,社交能力很强,因此老陈总是在商务洽谈或出差场合带上她。

同时,李湘的文字表达和写作能力,对老陈和他公司来说也很有用。她研究生念的是社会学专业,田野调查和报告撰写是基本功。当时老陈的公司要申请政府的企业发展资金,李湘便被安排做相关的资料整理与项目报告撰写工作。李湘外语能力也不错,外宾到访时,老陈也少不了安排李湘翻译作陪。

就这样,除了恋人身份,李湘也在工作上充当着老陈助理、秘书兼翻译的角色。

毕业后,李湘没有像其他同学一样为工作奔走,也没有考公、考编。她认为自己是"旺夫命",应该辅助自己的男人成就更大的事业,于是依旧陪着老陈,帮他处理工作。

然而,这段看似完美的关系突然出现了裂缝。

有一次,老陈与生意上认识多年的朋友吃饭叙旧,把李湘也带上了。老朋友第一次见李湘,老陈随口介绍说这是他的新助理。在很多场合,老陈都介绍李湘是助理,李湘也很享受这种称呼,她觉得那是对自己工作才能的认可。席间,老陈和朋友谈笑风生,李湘在旁端茶倒水。老朋友很自然地说起:"我早几天见到你老婆了,还和她打麻将……"老陈赶紧打岔,略显紧张地瞄了眼李湘的反应。

李湘当时蒙了,瞬间头昏脑涨,不敢相信自己的耳朵。她很想立刻向老陈求证,但又怕闹起来会让老陈没面子。她强压住内心的情绪奔涌，焦灼地等待聚餐的结束。

挨到老朋友离开饭局，老陈自知露馅，连忙抢先向李湘坦白：他那所谓的老婆嗜赌如命，每天都跟麻将桌过，两人因感情不和，已分居多年，只是财产分割没谈妥，两人才一直僵持着没离婚，但婚姻早已名存实亡，离婚只是差一张纸的程序。他认为自己和单身没有任何区别，更没有骗李湘的意思。他希望李湘能给他半年时间解决离婚问题。

当李湘第一次跟我讲述这段往事时，我期待故事会以她的决绝离开作为结束。但真实情况并非如此。直到后来我成了专业的婚姻律师，接待过很多与李湘有类似遭遇的女当事人后，才明白这类故事的惯常发展会是："李湘们"在木已成舟的事实面前，短暂震惊、愤怒，转而说服自己相信，在"老陈们"对自己的真爱面前，原配才是第三者。

李湘选择了相信老陈，老陈也加倍地对她好，按揭贷款为她买了一套房子。老陈在她面前大表决心，要带她去国外旅游，走遍世界名胜。凭着几十年闯荡社会的经验，老陈自信满满地拿捏着这个涉世未深的姑娘。

但李湘在这段名不正言不顺的关系中越来越没有安全感，她希望老陈给自己正式的交往身份。在多次要求老陈跟原配离婚、与自己结婚无果后，两人关系开始恶化，大吵小吵轮着来。李湘的心情每天就像坐过山车一样。与大多数年轻女性一样，李湘内心十分矛盾，在有人对自己好的感动与自己的贪恋、自卑、虚荣之间痛苦、迷失不能自拔。

这种纠结状态持续了整整半年，李湘终究没等来老陈的离婚证。为了走出这段不伦不类的关系,李湘开始一次次计划出走。她准备博士生考试,计划考到省外的大学远离老陈。同时,她在网上疯狂投简历。她想当老师,只要是外省高校的招聘,她都去应聘。几经尝试,她终于接到了上千公里外广州某大学的录用通知,顺利地成为一名高校教师。

广州的工作安顿下来后,李湘以为自己可以开始新生活了。没想到,老陈不仅没有放弃,反而变本加厉地穷追不舍。他主动买了一辆轿车,不远千里地自驾送到李湘面前,还信誓旦旦地说已经和原配谈好了离婚条件,等某笔款到账后,即可办理离婚手续。李湘喜出望外,一想到很快就可以摆脱第三者的道德枷锁,嫁给自己的大恩人,结出一段有始有终的姻缘,她心头的热情又被点燃了。

在入职三个月后,李湘终于等到了这一天:老陈再次来到广州,向她展示了他的离婚证。两人的关系迅速地走上看似光明坦荡的正道。李湘憧憬着自己很快就可以被明媒正娶。

没想到,说服老陈和自己结婚,又耗了李湘一年多……深陷感情旋涡的年轻女性通常能找到很多理由说服自己,笃定这个男人是值得自己死心塌地付出的。她们通常设身处地地为对方考虑很多:他肯定被前任伤害得太深了;他肯定不想让家人担心;他肯定是希望事业再创辉煌后才给自己完美的婚姻、家庭……

老陈一直辩称,自己事业上还不圆满,名下有块地跟政府拆迁征收办有矛盾。他想坚持到底,多要一些补偿款,这事很快就能解决。他不想连累李湘,不想让她担惊受怕。那时的李湘选择了再次相信老陈。

李湘想，既然还不能结婚，那两地相隔也要好好相爱。每周末，李湘都要求老陈来广州看她，或是自己坐车上千公里去找他；"五一"长假，她要求老陈必须放下工作陪自己；暑假时，两人必须一同去国外旅游一次……李湘想创造更多相处的机会，制造生活和思想上的交集。

刚开始时，老陈还勉强配合。但异地恋一年半载后，李湘敏锐地感受到，年龄逼近五十的老陈，哪怕资产过亿了，也无心过平凡的家庭生活；对她的情感和成家需求，更是越来越没有耐心了。

在见过老陈离婚证后的两年里，李湘为了维持这段关系几乎心力交瘁。分手前的最后一个暑假，两人说好去澳大利亚旅行，签证、机票和酒店住宿全部都安排好了，老陈却在临出发前消失了，完全联系不上。在热闹的旅游团里，在黄金海岸的风光里，李湘孤独地审视这段畸形的恋情——老陈真的在乎自己吗？他能给自己圆满的婚姻吗？如果真的在一起结婚生活，两人会开心吗？自己是奔三的女人了，难道要一直等他给自己看不见等待尽头的正式名分吗？

焦虑每天折磨着李湘。但每次她提分手后，老陈总能变着花样对她好、向她求饶。而每一次，李湘会像什么都没发生似的，继续奔向老陈。李湘苦恼于自己执念太重、失去自控，对解开这个死结越来越无力，不敢想象自己今后的人生会何去何从。

这时，意外发生了。在李湘又一次郑重其事地提出分手后，老陈因为与政府拆迁征收办有矛盾的那块地而锒铛入狱。

恰在此时，我从一段两年前已失败的情感中完全走出来，遇到了李湘。一切刚刚好，仿佛天注定。

九个月后，老陈恢复自由身，而我和李湘已经正式确立了恋爱关系。他带着在狱中写给李湘的几本日记来广州找她。我陪着她去了，在咖啡厅外，远远地等着他们做最后的告别。一个小时后，李湘出来了。她主动向老陈提出退还他曾经出的房子首付和买车钱。而他说自己的事情完全解决了，那些钱对他来说不值一提，那几十万就当是送给李湘的，同时他希望李湘还能给他一次机会。

如果这故事发展到"李湘选择了我"就结束，她和老陈依然不失为一对结局遗憾但过程尚可的前恋人。但真实故事的残酷走向是这样的：老陈和李湘分手后的第四年，我们已经结婚两年多，孩子已满周岁，李湘突然收到老陈发来的短信，要求见面谈谈。李湘当天就告诉了我。我让她回复："我结婚了，他是律师，见面不方便，有事能否电话里说？"老陈还是坚持面谈，更不惜跨省来到李湘单位附近守候。

我安慰李湘："去吧，看他有什么想法。"在她父母的陪同下，李湘去和老陈见面了。老陈开门见山：从七年前两人认识开始，他逐笔算账，金钱付出超过200万元；如果李湘愿意将那套他只出了18万多首付款的房子过户给他，双方就两清了。

事实上，这位曾经年年纳税过千万的亿万富翁，在李湘身上花的钱，大数只有18万余元的房屋首付和16万余元的小车，合计约 35 万元。但他狮子大开口，讨要超过 200 万元，里面有什么讲究呢？

李湘一家人回来跟我复述见面的情况，大家都很气愤，坚决不同意。我也很不解老陈凭什么提出这样的要求。

02
如何证明"我名下的银行卡不是我在用"

现在回想起来，我们一开始显然是轻敌了。他紧锣密鼓地给我们制造了一连串噩梦。

老陈去李湘名下的那套房子，找我们的租客说房子有纠纷，首付款是他付的，现在他要收回来，希望租客提前退租。租客是我们的老朋友，但远在千里的我们无法保护他们的权益。最后因为不堪其扰，朋友还是选择搬走了。

老陈撬锁闯入了房子。我们知道后立即报警。但在广州拨打 110，要在前面加上该中部城市的区号，当地警方的答复是，必须由房屋产权人到属地派出所报案。我们夫妇接力往返，与当地派出所和老陈周旋。我方能够提供李湘一人名下的房产证，还有每月按揭还款长达六年多的银行流水，但接待民警几乎完全站在老陈一方，强调这是情感经济纠纷，不归公安管；还强调老陈支付了房子首付款，所以他不肯对老陈涉嫌非法侵入住宅罪立案。

虽然接待民警的解释和做法有可疑之处,但当务之急是马上采取其他的合法手段反制老陈。我们拿着房产证去找开锁公司,趁房子没人时也撬锁换新锁,再把李湘父母接过来住,守住房子。老陈知道后,硬闯上门不肯走。因为担心他会伤害我年过六十的岳父母,我方第二次报警。警察限令他当晚10点前必须离开房屋。老陈不忿,第二天也请他年过八十的父母住进来。我们第三次报警,被认定是经济纠纷,警方照旧不管。岳父母觉得老陈太欺负人了,坚持跟对方耗着。四位老人住在争议房屋里,八目相对。

理清思路后,我决定先登录国家投诉受理办公室官网,实名投诉接待民警不作为。写好控告信,打印出七份,连同相关证据材料,装在一个袋子里,拎到派出所警官面前。我严正要求这位主办警官必须对老陈涉嫌非法侵入住宅罪立案,出警腾房,否则指控其不作为的七份控告信及证据材料将投递到区市两级公安局、两级检察院立案监督部门、纪委监察委和国家信访局等七大上级部门。

那位警官这才答应传唤老陈来派出所。在派出所调解室里,我第一次见到了妻子的前男友:梳着大背头,腋下夹手提包,身材精瘦,表情冷峻淡漠,讲话装腔作势。

不出所料,双方在派出所也调解不成。在我方的合法施压下,警方要求老陈去法院走民事诉讼程序,并安排他的父母退出房屋。四位老人僵持一室长达半个月的闹剧,终于落幕了。

案件是以老陈作为原告起诉的,案由是"婚约财产纠纷",

意思是，恋爱期间给的钱财，大数都是以结婚为目的的，结婚不成就应如数退还。

收到传票，看到"婚约财产"这四个字的时候，我蒙了。婚约财产是什么意思？我在法律这个行当泡了17年，之前从没听说过这个术语。

这一点都不奇怪。时至今日，法律领域已经细分得非常厉害，专门做上市的股权律师不懂刑辩，自己家人被抓了，股权律师只能另找刑事律师同行辩护；劳动法律师对接的公司客户被告外观设计侵权，也只能付费咨询专业的知识产权律师同行。

我对婚姻法律曾经有很大的偏见。在我的法律细分领域鄙视链里，婚姻家事领域一直处于末端。20多年前，我踏入中国五强之一的法学院，本科4年的十几堂法律核心课程里，根本没有婚姻法课。婚姻家庭继承法课只是选修课，连全国统一司法考试满分600分的题目里，婚姻法律相关的试题也只占2～3分。我的偏见由此形成：法律是关乎公平正义的大学问，怎么能跟鸡零狗碎的婚恋扯上关系呢？

一入法律门，我就没想过要做什么婚恋律师，从来都轻视关于婚姻家事法律方面的知识。即便刚开始律师执业时知道现实中有很多离婚官司，也很自然地排除了婚姻律师这个选项。

而现在，我在自己妻子被起诉的"婚约财产"案面前，准备工作几乎是从零开始。被动进入婚恋法律领域后，我才猛然发现，轰动全国的婚恋大案、要案层出不穷，如明星吴秀波情人事件、泰国坠崖孕妇事件、当当网创始人李国庆离婚事件等。对婚恋安全的渴望，催化出国民对婚恋法律知识普及的强烈需求。

过去20年婚姻相关法律规定的更新和司法实践的积累，使其复杂化和专业化程度，不再输给刑事犯罪、商事法律、诉讼程序法律等领域。全国法院受理的婚恋诉讼案件数量年年激增，婚恋案件的争议焦点也不再局限于感情破裂的认定标准。婚恋财产分割、抚养权争夺、家庭暴力认定和房产、分家析产等等，最高人民法院和各省市高级人民法院陆续出台了大量司法解释性文件来规范这些更新的常见争议。

借由妻子被告的案件的"契机"，我开始恶补这方面的专业空白。但起初，我也只能凭着律师直觉去准备如何打这场官司。

老陈的诉状写着，他在恋爱期间在李湘身上花了200多万元。李湘很吃惊，看他提交的证据，才搞清楚了老陈诉求的这200多万元的构成：第一部分是短短大半年时间内他向李湘名下的同一张银行卡进行了十几笔大额转账，合计100多万元；第二部分是为李湘购房支付首付款18万余元和购车款16万余元；第三部分是争议房屋的装修支出60多万元。

先说十几笔大额转账合计100多万元银行转账记录的事情吧。

老陈为了拆迁征收地能要个好价钱，与政府斗勇斗狠，甚至不惜使用灰色手段和有关高官较量，于是被对方往死里整，逼得他只能像逃犯一样东躲西藏。李湘一时无知，将自己的银行卡给他用。他在使用李湘名下的这张银行卡期间，往里面转了100多万元，现在也算到了李湘的头上，但钱实际上是老陈本人在使用的。问题是，怎么跟法官解释证明李湘名下的这张卡，不是她自己在用呢？

学过证据学的人都知道，要证明一个人没做过某件事情，比如要证明你的银行卡不是你用的，往往非常困难。情侣恋爱时，把自己的银行卡给对方用，或把信用卡、借呗等网贷额度给对方用，风险特别大。

这类纠纷很多。身处婚恋中的男女往往被感情蒙目，风险和权益意识变得淡薄。一旦遇上早早谋局、巧舌如簧的人，把信贷额度毫无保留地交给其使用，最后掉进信用陷阱的受害者通常几无沉冤得雪的可能。

李湘不服气，她相信一定能找到证据，证明这张卡不是自己用的。

她找到涉案银行卡的开卡营业厅，打印出银行卡流水，寄希望于从中找到蛛丝马迹。她把数米长的银行流水单摊在地上，逐行逐段看。单上全是交易金额、交易流水号等密密麻麻的数字。她看得头发晕，毫无头绪。

但她很幸运，在找银行经理请教时，对方被其打动，愿意帮她整理出银行流水里取款与消费支出的具体网点，还帮她东奔西跑，申请到盖有银行公章的书面证明文件。根据这份银行文件，我们能证明老陈转入这张卡的100多万元，都是短时间内在这座中部城市的自助取款机取款和本地大额刷卡消费支出的。

为了证明这些取款和刷卡消费不是李湘所为，我们对照日历，标注出每一笔取款和消费的日期，发现只有其中两笔消费发生在周末和寒暑假，加起来不到一万元，而其他几十笔全部发生在工作日。谢天谢地！我赶紧让李湘去找她任教大学的人事部，成功拿到了工作在职证明和上下班出勤记录。

银行卡虽然是在李湘名下，100多万元虽然也进了这张银行卡，但这些钱是在这座中部城市花出去的。而李湘在广州，有不在当地的不在场证明。

就这样，我们夫妻俩连日奔波，历时一个半月，终于找齐了上述的证据材料，拼接成各环节能够相互印证的证据链，来辅助推翻老陈要求退还款项的第一大部分。

03
恋爱期间超过5000元的大额财物，
都有权要回

再说说老陈请求返还金额构成的第二大部分，购房支付首付款18万余元和购车款16万余元的事。

恋爱期间的大额财物赠与，分手后到底要不要返还？在这个问题上，法律明显倾向保护出资者。在网上闹得沸沸扬扬的2020年86万元彩礼案，就凸显了这样的问题——

某山东女生在浙江打工时认识了一个成熟又有钱的34

岁男人，两人迅速坠入爱河。出手阔绰的男方给女生的转账和红包不计其数，除了生日、情人节、圣诞节这些节日收到的5200元、1314元、666元转账外，还有很多上万的转账。女生用男方本人授权开通的支付宝账户，支付两人到处吃喝玩乐的费用。两人关系的高潮出现在恋爱第二年年底，女生收到了男方送给她的跨年礼物：价值50万元的宝马车。

这段一直靠砸入一笔笔大额金钱维系的恋爱关系持续了两年半后，女方提出分手。男方恼羞成怒，一纸诉状将女方告上法庭，以返还婚约财产为由，要求女方将恋爱期间所有的大额开销和转账款退回，合计约86万元。

女方及其律师在法庭上大喊冤枉，声称女方不肯退钱的理由有三：一是女方当事人认为与对方谈恋爱的时候才23岁，根本没有结婚的打算，也从来没有许诺要与男方结婚；男方以婚约财产来状告，但是婚约从不存在。第二个理由是，男方的转账很多都备注了"生日快乐""爱你千遍"等字眼，明显是单纯表达爱意的自愿赠与行为，而不是以结婚为目的的婚约财产。理由三，在购车问题上，女方承认自己在微信里说过"结婚的时候要有个车"，但这句话是指男方要有车，这是当事人结婚的前提条件，但并不能把微信里的这句话理解为女方要求男方买车送给自己，更不能断章取义地用以证明男方自愿送的宝马车是二人有婚约在先的；这车充其量只是男方送给女方当事人的代步车，虽然一直是女方当事人所用，但和结婚与否无关。

此86万元彩礼案中，女方及其律师这些反对退钱的理由成立吗？

李湘和她的家人也愤愤不平地讲了很多相似的理由。李湘说，老陈从来没有跟她结婚的意愿，根本就没有任何婚约，要不然当年也不会跟他分手，怎么能够说是婚约财产呢。她哥专门打电话给我说，彩礼一般是给一次，老陈给的房屋首付款和轿车，是分两次给的，且相隔两年半时间，怎么能都算是彩礼呢，哪家娶媳妇是这样给彩礼啊。李湘的父亲也抱怨道，虽然一开始闺女说服家人接受其和老陈的关系时，自己因为他们年纪相差太大而反对，但后来也尊重了她的选择。李湘一直都想跟老陈结婚，但问题是老陈不愿意，所以分手的过错在老陈，他怎么有脸要回这些财物呢。

我开始研究他们的各种说法在法律上的依据，和过往法官的各种判法。这一研究，就把我这个向来轻视婚姻法律的人惊呆了，也活生生地把我逼成了彩礼法律专家。

婚约财产也叫"彩礼"。是否构成法律意义上的彩礼，法律采取的是默认逻辑。只要是发生在恋爱期间的男方赠与女方的大额财物，法律上就直接推定为彩礼，而不管有没有明说是"提亲""礼金""聘金"，也不管有没有明说是"以结婚为目的条件"。只要是大额的财物赠与，法官都会默认为以结婚为目的，除非女方有证据证明男方明确表达自始至终都是不愿意结婚的，或赠与财物不以结婚为目的。这样的裁判逻辑让通常收取大额财物的女方很被动。李湘此前根本没有这样收集固定证据的意识，无法证明老陈当初不愿意结婚的事实。

法律上的彩礼认定跟数额大小有关，跟次数无关。只要是大额的（司法实践中多以过万元或过5000元为标准），就算作彩礼；分手时要求退还的大额财物可以相加，全数要回。所以，大舅子的"次数说法"也不成立。

返还彩礼责任是一种无过错责任。也就是说，法律不问分手的原因是什么，不问结不成婚是谁导致的，更不管是谁先提出分手的。法官只管查明两个人确实已经分手，那么恋爱期间的大额赠与就应该退回，分手原因不是审理的重点。在很多案件里，男方在恋爱期间一脚踏两只船或出事坐牢等，不管什么原因让女方决定不嫁了，男方都能够通过打官司要回彩礼钱。所以，李湘父亲的理由也不成立。

前述86万元彩礼案，法院就是按照我上面讲的思路判的。在这起（2020）鲁06民终3689号案中，山东省烟台市中级人民法院法官认定，男方多次给女方转账的这些钱就是婚约财产。其在判决书上特别写道：男女双方在相识恋爱期间，一方因某种特定原因而从对方获得数额较大的财物，当双方不能缔结婚姻时，财产受损的一方请求对方返还财物因而产生的纠纷，就叫婚约财产纠纷。

判决书接着论证：根据男方提供的录音、微信聊天记录，及正常的世俗道德观念，原被告之间产生的款项往来，应是基于双方恋人关系而为之，是以缔结婚姻为目的。因双方未办理结婚登记手续，该款项为附解除条件的赠与，赠与人可要求单方解除赠与，参照彩礼的规定处理，接收彩礼的一方应予返还。一审和二审两级法院均判决女方应返还86万元。

86万元彩礼案的判决结果一经公布，在网络上引起激烈讨论。很多女性网友看到这则新闻后，纷纷表达担忧：假如自己是那位女性当事人，面对他人疯狂地向自己砸钱，还说着"给你随便花""爱你无条件"等花言巧语，会有人能抵得住这种诱惑而免除法律上被追讨款项的风险吗？女性担忧的是，男性可能利用金钱和法律漏洞玩弄女性。

　　法院这么判当然是有法律依据和考量的。最高人民法院出台的彩礼司法政策，着力于抑制现实中愈演愈烈的高额彩礼不正之风，防范可能随之而来的骗婚风险。面对这样的婚恋法律规则，女性只能增强自己的法律风险意识，避免被心术不正的人用金钱做诱饵玩弄，然后这些钱被全数追讨。

　　被起诉的李湘当时就面临这样的困境。很难说老陈当初给李湘出房屋首付款和购车款的时候不是真心对她好的，但也不容否认，法律给了他改变赠与初衷的自由。而这种自由的滥用，可能给女性种下噩梦的种子。

　　后来有女性客户向我抱怨："法律是要求我们女人谈恋爱时都要做无欲无求的圣人吗？这比要求所有男人都做柳下惠还要过分啊！"这类想法其实是对婚约财产及其裁判规则的误解，法律的真正本意不是这样的。一方面，恋爱期间的小额赠与，分手后是不需要退还的。在86万元彩礼案中，法院就剔除了5000元以下的转账。另一方面，法律只是说，恋爱期间的大额财物赠与，法律默认为彩礼，结婚不成应予返还。注意，法律并没有说"大额财物赠与=婚约财产"的默认逻辑不允许推翻。

如何打破这种裁判逻辑呢？在这里，我不是想教大家拜金和物化自己，但当对方坚持要送你大额财物、完全不给你拒绝的机会时，我们如何可以在收了对方的巨额财物后，规避被追讨的风险呢？这就一定要在收受大额赠与之前，反复跟男方确认：你送这么贵重的礼物是什么意思？你对我的爱是不是无条件的？我要是收了你的巨款，以后你对我不好了，会不会要我还给你？你如果执意要送，要我收下也可以，请同时给我写一张条子，白纸黑字写明这钱是不附加任何条件的赠与。

如果对方不敢写这样的条子给你，这个钱就不能收。通过要求写条子或其他有效的方式，你可以准确地测试出对方是不是胸有城府的人。可能你会问，这样试探别人不是很冒险吗？你甚至可能怀疑有没有人愿意写不附带任何条件的证明给你。

这本书不是教大家算计他人，而是要学会运用法律保护自己。如果不想自己稀里糊涂收下的一笔笔财物变成随时爆雷的法律隐患，那么就请不要轻易接受他人的贵重财物赠与。如果要收，请一定事先进行有效的沟通和确认！

04
过了诉讼时效的彩礼,不需要还

说回老陈和李湘的婚约财产纠纷案。

从上次在派出所调解室的交锋中,我们明显感觉到老陈对李湘已经完全不顾及任何过往情感了。这是一场纯粹的利益之争,不掺杂任何情感成分的诉讼策略非常关键。

在诉讼策略上,我们必须一口咬定:法律上,我们没有退还财物的义务。

为什么呢?道理很简单。老陈声称的花在李湘身上的钱,其中包括的房子和车子都还在。李湘并不像很多当事人,收了大额财产后就挥霍掉,分手后还不起。我们从一开始就愿意将这些财物按原价退还给他,只是老陈一直狮子大开口,双方谈不拢。

如果他一闹,我们就答应退还房子首付款和购车款,基于人性的贪婪本质,他一定不满足于此,还会使出更多手段,索要更多。我们只有摆出绝对强硬的诉讼姿态,才能抗衡他毫无情面的得寸进尺,也只有以绝对的强硬回敬老陈,才能让他意识到,我们并不惧怕,他的霸蛮不是一定能奏效的,退还也不是理所当然的。只有这样,他最后才可能心甘情愿地完全消失。

"法律上没有退还义务"这个诉讼目标能不能实现呢?经过系统研究,在彻底搞清楚婚约财产的法律原理后,我找到了几个突破口，信心满满。应诉方案主要从以下几个方面来反驳抗辩：

第一，超过诉讼时效抗辩。中国有句古话"欠债还钱"，但来自西方的现代法律制度告诉你，过了诉讼时效的债不需要还。中国现行的法律也有这样的制度。《中华人民共和国民法典》（以下简称《民法典》）第一百八十八条第一款规定：向人民法院请求保护民事权利的诉讼时效期间为三年。法律另有规定的，依照其规定。

彩礼返还的保护适用普通的诉讼时效，即三年。从分手之日起三年内，老陈都没有主张过要李湘返还大额赠与，现在分手满四年了，在法律上他已经丧失了胜诉权。当老陈的律师在开庭前试图跟我调解时，我在电话里非常硬气地透露了超过诉讼时效的观点。他回应说，他会提供追债的证据。

如果他在分手后三年内讨要过，从最后一次讨要时开始重新计算三年的时效，这是打破诉讼时效限制的维权方法，法律上叫作"诉讼时效中断"。所以，"年底讨债、年关难过"的传统在现代社会依然有其指导意义。不管对方有没有钱，到年底，债主一定要上门讨债。即便欠债人没钱，债主也要见到对方，让对方签字、写日期，这样，债权就不会过诉讼时效。

老陈的律师说，老陈曾经发过交涉退还财物的短信。但这些证据为什么之前不提交呢？所以，我判断，对方根本没有催债短信的证据，而在李湘的印象中也没有收到过这样的短信。打诉讼时效策略，是我方的第一大武器。

第二，劳务报酬抗辩。自打认识老陈起，李湘就一直帮他处理其公司事务，尤其是与政府部门打交道需要写的报告和项目书。这些对于一个社会学硕士生来说可能轻车熟路，但老陈的公司里并没有人会做这种事，更别说设置这种专门的职位了。

问题是，怎么证明李湘在他的公司里做事呢？

我提示李湘找找有没有公司工作文件、工作证、考勤记录、社保缴费记录和工作邮件等等。李湘找到了她亲手为老陈公司做的一本厚厚的《××建设工程可行性研究报告》。就是靠这份报告，老陈公司成功申请到了500万元的企业发展资金。李湘回忆说，当时做这个报告时，老陈承诺她，资金如能批下来，就会给她10%的报酬。所以后来老陈给她付房子的首付时，李湘理所当然地认为是自己的劳动所得。

但新问题来了：怎么证明这本报告是李湘的工作成果呢？即便能证明是李湘写的，老陈也可以辩称是恋人之间的无偿帮助，而不是李湘以员工身份从事的有偿劳动。

后来我代理的小学教师小云的被告案情，与当时李湘的处境如出一辙。

小云从师范大学毕业去上海找工作。在举目无亲的情况下，被图文打印店的小老板许总收留。许总欣赏她的聪明和踏实，小云信任和感激许总，在他店里帮忙打理生意。两人开始有些暧昧。许总没有亏待她，第一个月就给她发了三笔工资，合计过万。在随后的几个月里，他不定时地给小云转钱，数额从2000元至50000元不等。有一天，小云正在员工宿舍熟睡，一位大姐冲进她房间，揪她头发，骂她"不要脸""狐狸精"，还报了警。她才知道这是许总的原配。这次冲突本来应该把小云打醒的，但"被小三"的年轻女性大多会和小云有一样的反应：这样的原配素质太低，怪不得男人不再爱她；然后，加倍回忆男人对自己好的种种画面。许总在她被打后许诺会加倍补偿她。小云在这种痛苦和矛盾中继续留在店里工作了几个月，最后幡然悔悟，离开了。

回了老家后，小云考上了公办小学的教师编制，认识了新的男朋友并结婚生子。在她以为可以彻底告别在上海那11个月的不堪回忆时，上海的法院传票把她拉回痛苦的过去中。许总以其妻子的名义起诉她，要求小云退还交往一年期间的转账款19万元，理由是这些钱是许总包养小云的费用，侵犯了她作为妻子的夫妻共同财产权。

一审法院判决小云全额退还这19万元，小云不服上诉，在二审开庭前一天，她找到我，央求我代理。接下案件后，我通宵研究材料，第二天网上开庭。最终，二审法官认为我方没有提供足够的证据证明存在雇佣关系，驳回上诉、维持原判。

这是一类已婚男性玩弄女性的典型案件，不但欺骗了婚外异性的情感和身体，还骗取了对方的免费劳动力。该案还有一个可怕的地方：原告是男方的原配，男方和女方是共同被告，原配自始至终都没有出庭，而是由共同被告之一的男方代表原告出庭。男方作为共同被告之一，却坐到了原告的位子上。男方有妻子这一事实反而成了他以金钱诱惑婚外异性的一个"优势",当他玩够了、想收回物质付出时,只需要有妻子身份证复印件和一张有妻子签名字样(即便无从判断是否妻子本人的真实笔迹)的授权委托书,甚至可以在妻子毫不知情的情况下,以妻子的名义来起诉自己和婚外情人。

李湘后来还找回了当年为老陈公司工作的所有工作邮件,整理成了29份共90多页的强有力证据。另外,她还找到了与公司客户的合照等证据,与之形成相互印证的证据链。后来的开庭证明,劳务报酬抗辩得到了法官的足够关注。

第三,无婚姻约定抗辩。双方没有婚姻约定,主要由三方面证据入手:一是对方提交的分手信,在这封李湘写给老陈的分手信上,李湘回顾了他不肯拍婚纱照、不肯给她一个家、多次拒绝跟她结婚的事实。二是老陈当年财力雄厚、身家过亿的证据,用来证明老陈对李湘的物质付出,当时对他来说无足轻重,完全不可与普通家庭倾全家之力的严肃婚约财产往来情形相提并论。虽然我们承认曾接受对方数十万元,但老陈意欲把当年对其来说是零花钱的财物狡辩成一诺千金的"婚约财产",把李湘诬蔑成骗彩礼钱的女人,显然让人无法接受。三是房子首付款是老陈没离婚之前出的,在其有婚在身的情况下,与李湘的婚约更是无从谈起。但这个点,我没有着力太深,因为我方没有对方的离婚证,向法院申请调查老陈的婚姻状况,法官也没有批准。

在李湘的案件中,老陈的原配一直没有出现。很多年后,陪我处理过无数婚恋纠纷的李湘变得更加理性和成熟,她才开始怀疑,当初老陈特意来广州给她展示的离婚证会不会是假的，不然他为什么不愿意拍婚纱照、不愿意结婚呢？这件事，在官司打完后，我们没有再关心过，至今还是个谜。

05
伪造的收据

在老陈追索的 200 多万元里，第三部分是他声称为房屋装修支出的 60 多万元。我仔细研究他提交的上百张装修票据后，向李湘了解了当年房屋装修的细节。李湘的说法是，装修的泥水、水电这些硬装部分，是她父亲负责的；瓷砖、五金材料是李湘亲自挑选付款的；家具、家电则是老陈从他经营不善的酒店拉过来的二手货。老陈根本没有在房屋装修上花什么钱，要退他 60 万元实在是无稽之谈。

我问李湘装修的钱从哪里来的。李湘解释："老陈并没有专门给我装修的钱。我当时在广州有工作，大学教师的工资不低。以前老陈各种节日送的红包，一两千的钱我都存起来了，硬装工程是我爸找亲戚做的，人工和材料加起来才用了三四万块，我完全出得起。但是，我没有证据，那时都是用现金支付给工人的。"

这应该相信谁呢？信证据。哪怕代理自己妻子的案件，也必须秉持证据思维。有些律师盲目相信自己的当事人，非但不能真正帮到对方，反而可能害了对方。

仔细研究后，我发现老陈的装修票据存在下面几大疑点：

第一，所有单据上均留有老陈的姓名和手机号码，整齐划一。当时的老陈可是亿万富翁，装修材料到货、验货对接，难道都由他亲自做吗？

第二，单据标注的时间有问题。根据李湘的记忆，房子在当年暑假就装修好了，到了"十一"长假，她还邀请自己爸妈在新装修的房子里团圆。老陈提交的单据却显示，瓷砖、门窗和五金材料都是当年10~11月才下单购买的。时间对不上。

第三，所有单据均无发票或付款记录佐证。仅凭单据，法院无法认定存在交易付款事实。这几乎是全中国的法院通行的裁判规则。道理很简单，商家伪造收据很容易，且没有法律责任；而银行付款凭证和盖有公章的发票，一旦伪造就会构成犯罪，一般人不敢铤而走险。

第四，我们在多张单据上发现了"58速运"字样的水印，从直觉上看很可疑。上网一搜，果然，58速运是近年才冒出来的货运品牌，不可能出现在六年前。

第五，家具、家电与房屋不匹配。不少商品的规格与屋内空间布局情况对应不上，比如：根据老陈的单据，他购买了两张1.8米的床垫，而李湘房屋的户型决定了只有一个房间放得下一张1.8米大床。同时，全部家具、家电的单据价格均畸高。

分析至此，我倾向于李湘的说法，并引导她从以下方面收集证据：其一，去案涉房屋的物业管理处调取当年的装修申请和验收存档资料，确认当时申请装修的签名人和装修验收时间；其二，找李湘的父亲出具情况说明，争取和当年的装修工人一起出庭作证；其三，搜集"58速运"新品牌成立的相关新闻报道，最好能找到纸质报纸的相应版面。

物业管理处给我们复印了当年的装修申请表和验收通过表，在上面加盖了公章。表格清楚地显示，装修申请、防水验收申请表上的申请人一栏，都是李湘父亲本人的签名，没有老陈的任何签名。验收时间则是当年8月，而老陈提交的所有装修票据所载明的时间均晚于此时间。

58速运品牌于近年才诞生的新闻报道也找到了，证明那些有"58速运"水印字样的单据，一定是近年才印刷的伪造单据，而不可能是六年前的原始单据。

我们完成了全部证据搜集和诉讼策略的准备工作，写好的答辩状有6000多字，连同厚厚的一沓证据，全部寄给了法院，等着开庭。

06
为什么要当庭宣读答辩状

案子本来是按简易程序审理的，法律规定，从老陈去法院立案到出判决结果要在三个月内完成。我们申请了延期举证，因为提交的证据非常多，法官三个月内根本审不完。法院只好将简易程序改为普通程序，这样，审限就可以延长到六个月。

案件开了两次庭。

第一次开庭，我故意不让李湘去，而选择自己单枪匹马出庭应战。这类恋爱纠纷和离婚案不一样，被告是可以不出庭的。但法律也有规定，当事人只能委托律师、基层法律工作者和近亲属，一般的亲朋好友不能代表出庭。与以往出庭不同，我不是以律师代理人的身份，而是以近亲属（配偶）代理人的身份出庭的。

开庭时，如果被告当庭提交书面的答辩状，法官和原被告的代理律师为了节省时间，通常会省略宣读起诉状和答辩状的环节，原告只需要说诉讼请求与事实理由和起诉状一致即可，被告也只需要说自己的答辩意见跟答辩状一致即可。

在法庭上，我刻意表现得不像代理律师，并要求当庭宣读答辩状。为什么呢？因为，现在每位法官处理的案子都太多了，没有几位会事先认真阅读答辩状的。而我恰恰喜欢把答辩状写得特别长，因为答辩状的内容会被直接写进判决书里的"被告辩称"部分。我希望经过深思熟虑书写出来的答辩状观点，能在开庭的第一时间传达给法官。

因为案件转为普通程序审理，那时的审判席上坐了三个人。中间的法官穿着法官袍，而法官旁边的两位则是穿着休闲的中年妇女，显然是陪审员，是从法院所在地的公司、工厂、机关单位、学校等部门遴选出来的普通公民。这样就更有必要通过朗读答辩状来让他们快速了解我方观点了。

我开始对着话筒大声朗读答辩状，6000多字，足足朗读了20分钟。我十分庆幸法官愿意给我这么长的时间充分表达。答辩状读毕，法官说本案比较复杂，决定将今天的开庭改成庭前会议，换一个小一点的房间，让两位陪审员先回家，法官单独组织双方质证。质证，就是双方针对对方的每一项证据发表意见，围绕证据的真实性、合法性和关联性阐明自己的立场；同时，书记员在旁用电脑记录双方的发言。

　　我惊讶地注意到，老陈请的不是律师，而是基层法律工作者。基层法律工作者和律师有一定的区别。当时的国家法律对前者的学历没有要求，不需要通过国家法律职业考试，所以只能在本地法院出庭。而律师需要本科或以上学历，要通过严苛的国家考试和实习考核，执业范围则是全国。基层法律工作者的收费比律师低，通常倾向做法律援助案件。通过法官，我们才得知，老陈请这位年纪很大的基层法律工作者为他代理，是因为当时他已经四面楚歌、山穷水尽了。

　　我的心态随之发生了微妙的变化。但在法庭上，我依然没有丝毫让步，我们先前的诉讼策略必须贯彻到底。此时向对方表露出任何怜悯和妥协都是不合适的。

　　老陈和他的代理人在互相提问环节中开始挑拨我和李湘之间的关系。他的代理人问我："你知不知道，你和被告在举办婚礼的时候，被告还跟老陈有短信联系？"这一招很阴险，一方面想让我过度联想李湘和老陈还藕断丝连；另一方面，所提到的短信联系被他们解读为讨债行为，意图起到中断诉讼时效的作用。我很平静地回答："我和被告之间没有秘密。原告每一次联系李湘，我都第一时间知道，也都是我们一起商量怎么回复的。你方刚才的说法毫无证据。最近一次联系是在今年的3月份，除此之外，双方在过去三年多里没有任何联系。"

类似的恶意攻击性发问还有很多，但我没有让对方的激怒策略奏效。法官最后也不耐烦了，要求对方发问不能脱离诉讼请求，责令他们围绕案件事实来发问。

我问对方："你方提交的分手信证据里，李湘的亲笔信写着'我等了你太长太长时间，等到我的青春不再，等到我的心发凉，等到我对感情绝望'。这是不是指'她在等你跟她结婚'？"对方的代理人并没有正面回答，抢着说："这与本案无关，分手信不能否认涉案的财物是以结婚为目的的赠与。"

第一次开庭，就这样以改成庭前会议、仅仅完成大部分证据的举证和质证程序而结束。

四个多月后，我们收到了法院二次开庭的传票。为什么会隔这么久？一般情况是因为案件难以定夺，法官暂时搁置，去忙其他案件了。等到案件从立案之日起快要满六个月的审限时，法官才会重新推进案件审理的进程，并争取在审限内出判决书。

第二次开庭前几天，法院的书记员特别来电话，说法官要求李湘本人出庭。这种情况很少见。法律上，离婚案件以外的民事案件在已经委托代理人的情况下，当事人是可以不出庭的，法官没有权力强制当事人到庭。所以，这种情况下，所谓的"法官要求当事人出庭",一般是基于查清双方的感情状况和调解的需要,希望当事人双方能够当面、当庭解决问题。我没有鲁莽地质疑法官要求的合法性,而是小心地询问书记员,法官这么要求是出于什么考虑。书记员同样也小心翼翼地回答,他只是转达,不清楚法官的具体意图。

我问李湘的意见,同时给她分析了可能的原因,讲解了法律上她已委托本人代理诉讼的情况下并无出庭的义务。我们商量后决定尊重法官的期望,出庭解决问题。

曾经的恋人对簿公堂,而丈夫在旁,我不知道李湘当时的感受是什么。但我没有特别异样的感受。坐在法庭的诉讼代理人席位上,我只专注于法庭内的争锋,根本无暇顾及私人情感。

法官问原告有没有新证据向法庭提交,有没有新的质证意见要发表。言下之意是,四个多月前庭前会议说过的话,就不要重复了。原告回答没有。

问到我们被告方时,我们着重解释了有哪些证据细节能够证明银行卡只可能是原告老陈在使用,而被告不可能出现在该省会城市消费。

法官分别又问了原被告双方一些细节问题后,就宣布庭审进入法庭辩论阶段。在这个阶段开始之前,法官会先归纳出双方证据举证质证、法官问询等法庭调查阶段中双方的争议焦点,由原被告双方针对法官归纳的争议焦点是否准确和全面发表意见。如果双方都没有意见,就由原被告双方围绕争议焦点轮流发言。

在我们发言前，法官再次强调，双方提交的书面起诉状、答辩状等材料已经有的内容就不要重复了，在上一阶段已经发表过的意见也不需要重复。在我国，法官在整个庭审过程中处于主导地位，这种发言不得重复的要求，我们律师一般会尊重，毕竟现在法官少、案子多，配合主导者可以节省彼此的时间。

但在本案，我还是隐约感觉到，法官似乎只是在"走过场"。醉翁之意不在酒，法官此次开庭可能根本不是为了开庭。

果然，在法庭辩论环节中，法官表现得很不耐烦，既不允许原告和他的代理人再重复发言，也不是很想听我方发言，还直接告诉我们，有什么需要表达的，可以庭后以代理词的形式发表书面意见寄给他。随后他宣布结束法庭辩论，问双方是否有调解意愿。调解，应该才是他要求原被告双方当事人本人到庭的真正原因。

根据法律规定和调解原理的需要，原被告双方和法官本人在调解阶段说的话，都不得记录，不得作为证据使用，不得用以控告法官存在偏袒。法官通常会晓之以理、动之以情，恩威并施。

法官先问原告："你有没有调解方案，能不能报一个要价？"老陈支支吾吾，说自己付出很多，法官打断并大声呵斥道："被告的付出就不多吗？人家24岁就跟了你，一直到29岁，人生最珍贵的几年青春都浪费在你身上了……"老陈和其代理人有点错愕，看起来有些无所适从。

法官通常会使出这样的招数压制原被告双方，让双方都降低期待，以实现一个折中的调解方案。在离婚案中，我国法律直接规定了调解是必经程序，专业婚姻律师对法官的这套调解方法很熟悉。

法官向原告施压到位后，就把我方拉到法庭外的走廊上，开始了长达半小时的对谈。法官传达的信息主要有三点：一是老陈已经倾家荡产、多个讨债官司缠身，法官甚至暗示，原告老陈说话颠三倒四，某些时候精神处于非正常状态；二是作为被告方，李湘有大学老师的身份，现在也有幸福美满的家庭，犯不着让老陈一再打扰平静的新生活；三是这个案子即便完全判我方赢，以老陈"光脚不怕穿鞋"的心狠手辣，他可能会再动用法律之外的手段来骚扰我方。

法官说的这些，其实我们也一直在讨论。我们对法官所言表示部分认同，并明确指出，对于房屋首付款和购车款，我们愿意退还35万元，这是我们一直以来的立场。只是之前老陈掀起太多风波，我们才选择在法庭上跟他硬碰硬。如果他愿意接受这个数额，我方可以随时和他调解。法官知道我们的底牌之后，转身回到法庭。

调解方案被老陈拒绝了。当庭调解以失败告终，法官宣布休庭。

六个月的审限没剩几天了。这一次休庭意味着法官要在很短时间内下判决。休庭后，法官和陪审员先行离开法庭，留下书记员整理庭审笔录并打印，交双方当事人和代理律师签名确认。原告方签阅完笔录后先走了。这时法官又折回来找我们，说他还想做做原告老陈的调解工作，判决书会没那么快下来,希望由我们主动提出延长审限的申请。他手里拿着的正是以被告为申请人的延长审限申请书。我们犹豫了一下,答应最多只能申请延长一个月审限。

我们预感其实结局已定。原告方最难打掉的是诉讼时效抗辩,分手已经超过三年了,现在才来追讨当初交往的大额支出,已经过期,不受法律保护了。而他们没有主张过权利从而可以引起诉讼时效中断、重新计算的任何证据。如果没有预测错误的话,原告老陈的全部诉讼请求都会被驳回。

在等待判决书期间,法官还联系我们,索要我方答辩状、质证意见和代理词的电子版。这往往意味着法官在判决书中要直接援引我方的观点表述了。我们希望法官能做通老陈的思想工作,让对方能接受35万元的调解方案,并明白这是最后的机会了。如果他甘愿接受调解结果,我们就此了结,也不用担心他会故技重演,再来骚扰我们。

在审限的最后一个星期,我们终于等来了法院的电话:老陈最后接受了35万元的调解结案。

官司历时近八个月,其实已经算快的了。

第一次以当事人近亲属的身份经历一场诉讼,与以律师身份给客户打官司的感受完全不同。一位我至亲至爱的女性,在这个没有硝烟的战场上,经历了最开始的焦灼、痛苦、不甘、愤恨,拨云见日后的清朗、释然,和最后的原谅与放下。尽管我试图以最大的努力感同身受,但我深知自己永远无法真正体会到她的切身感受。我能够清晰地感受到的是，经此一战，我和李湘之间的感情非但没有受影响，反而变得更好了。从她不堪回首的过往中，我看到了她一次次挣脱束缚的努力，与她的良善和真实。如此性格丰满的她，不正是一个性别不同的自己吗？

这个案子同时也让我意识到，随着社会经济的发展，婚恋纠纷案件不仅涉及出轨、孩子抚养权纷争等情感纠纷，也会涉及大额存款或赠与、大宗房产分割、公司股权等。婚姻家事诉讼早已进入日益复杂的法律领域，而我在这些方面深厚的知识积累恰恰有助于形成自己独特的优势。于是，我决定转型，专注做婚姻律师。

二、家暴：被婚前协议控制的女人

最容易得到法院采纳的家暴证据是三大件：报警后的笔录证据，当天的就医记录，对方自认打人的悔过书、保证书或录音、聊天记录。

01
为了自证清白，草草签下婚前协议

刘娟出生在中部地区的山区小镇，是镇上少有的女大学生。毕业后，她成功应聘上省会某大学的行政老师，主管学生成绩和教务档案工作。刘娟性格好，有耐心，热情周到，做事勤快，处理各种棘手问题非常麻利，是学生与各院系任课老师之间重要的沟通桥梁。学生尊敬她，领导赏识她，评优连年上榜。

家人对她的工作很满意。她自己也打算就这样安安稳稳地工作生活，嫁人后相夫教子。这一生平淡又顺利，就足够让亲朋好友羡慕的了。

2008年，没读过什么书的表姐从深圳回来探望她。当时刘娟的基本工资是2000多元，没有文凭的表姐却月入过万。表姐声情并茂地描述她在深圳的生活怎样有意思，自己下一年的收入还会翻一倍。相比之下，刘娟认为自己的人生平凡而窘迫，连苹果手机都买不起。她第一次发现自己也有野心，不甘于这种一眼望到终点的生活。刘娟冲动地"裸辞"，随着表姐来到深圳。

人生地不熟的刘娟对快节奏的大都市生活无所适从，在表姐的介绍下去了同乡老板的工厂从文员做起。这家建筑材料工厂生意很好，往来客户多，但刘娟刚进厂的工资比大学行政老师的工资还低。她踏实地做好本职工作，处理好老板蔡坤交代的每件事情。她工作之余不喜欢搬弄是非，但无意中留意到同事们对蔡总离婚的事窃窃私语。

刘娟对同乡长大的成功男性蔡坤不自觉地产生了仰慕。一流大学毕业，身家过千万，单身，蔡坤耀眼的标签像磁铁一般吸引着刘娟。

蔡坤向刚入厂两三个月的刘娟表白："刘娟，我观察你很久了，觉得你很适合做我的妻子。我刚刚离异，上段婚姻很痛苦。我有一个10岁的孩子，我也比你大15岁。不知道你愿不愿意接受我？"

刘娟很意外，内心欣喜若狂。初来乍到的她渴望被看见和肯定，蔡坤的表白是她有魅力、有价值的证明。他们闪电般地在一起了。

12年后，我和李湘一起跟她做离婚纠纷的案情梳理，刘娟很困惑："你们说我有没有爱过他？你们说的爱情的感觉，我好像从来没有过。我离婚后，这辈子还会体验到爱情吗？"

这段感情基础不牢、动机不明的姻缘遭到刘娟家人的强烈反对。同镇的刘家和蔡家相距几公里。蔡家发迹得早，是镇上的"豪门"。刘家是普通人家。蔡家负面传言很多,而且蔡坤比刘娟大15岁,离异,还带着个10岁的小孩。刘娟是家里的宝贝女儿,嫁过去门不当户不对,容易被欺负。但在蔡坤甜言蜜语的攻势下,刘娟冒着与父母决裂的风险,答应了蔡坤的求婚。

领证前夕,蔡坤面露难色:"我母亲和姐姐担心你嫁给我是冲着我的钱来的。"刘娟很愤怒。蔡坤顺势拿出一式两份的婚前财产协议,说上面列明了双方的婚前财产,要刘娟签字。刘娟看都没看,直接签字。她觉得,如果仔细看内容或有一丝的犹豫,就代表她不信任对方,会被认为有贪他家财产的嫌疑。双方签好字,蔡坤递了一份给刘娟。刘娟随手撕掉,扔进垃圾桶。蔡坤一脸歉意,信誓旦旦地对刘娟说:"我会好好对你的。我们一起努力,把工厂做到上市。我保你一生荣华富贵。"

蔡坤带着5万元彩礼提亲。刘娟父母长吁短叹,象征性地收了2000元,剩余全数退给了蔡坤。两人没有办婚礼和婚宴,没有拍婚纱照,悄无声息地领了证。

刘娟搬进蔡坤家在深圳的一线海景大别墅,和一大家子住在一起:公婆、离婚的大姑子和她的孩子们,还有蔡坤10岁的儿子。

蔡坤对刘娟百般宠爱。他订了两张去马尔代夫的机票,带刘娟去度了半个月的蜜月。蜜月旅游中,刘娟感受到蔡坤如父如兄般的呵护和照顾。两人在金色海岸上沐浴阳光,刘娟甜蜜地认为自己冒险嫁给这个几乎和父亲同龄的男人是值得的。

　　回到别墅，两人依然如胶似漆，丝毫没有注意到10岁继子和离异大姑子的异样感受。刘娟的目光恨不得时时刻刻停留在蔡坤身上。刘娟对大家族里裙带依附、亲疏利益的复杂关系毫无知觉，不知道自己的闯入会引起其他人的警觉和不安，更没有注意到即将步入叛逆期的继子看着父亲被她夺走的眼神里充满愤怒。

　　婆婆和大姑子刻意在她面前议论："前妻给他生的儿子都这么大了，他们俩迟早会复婚的。前妻才是原配，年轻的老婆靠不住。"刘娟不知如何是好，不忍心把这些遭遇说给娘家人听。

　　她突然发现自己怀孕了，这下更难回头了。刘娟视而不见、充耳不闻，不敢将受到的委屈告诉蔡坤，怕自己在丈夫心中变成挑拨离间、搬弄是非的小人。刘娟回忆，她每天挺着逐渐隆起的肚子上班，从大别墅出来的路上，自己边哭边开车。到了工厂，她马上把眼泪擦干，平复情绪，开始一整天的忙碌工作。她想，只要蔡坤对她和肚子里的孩子好，就够了。

　　婆婆和大姑子对刘娟的闲言碎语开始传进蔡坤的耳朵里："刘娟这么年轻，怎么会跟你？你比她大了整整15岁，还带了个10岁的小孩，她除了看中你的钱，还能看上你什么？"蔡坤自然知道母亲和姐姐对他的关心，但财产方面他早有防备。婆婆和大姑子看蔡坤不以为然，继续攻击道："我们说她有些生活细节要注意，她就应付我们。怎么说她，她都不吱声。她心里打的什么主意,我们过来人可是一清二楚。"

刘娟在蔡家的忍气吞声并没有换来与蔡家人关系的改善,反而让婆婆和大姑子更坚定地认为她是贪图蔡家的钱。

蔡坤开始恢复老板的姿态批评刘娟,她稍作辩解,蔡坤就打断:"再怎么讲,这是我妈,那是姐姐,媳妇就要学会侍候婆婆,让婆婆开心,对同辈的姐姐也应该尊敬,友好相处,不要激化矛盾。"刘娟失望地发现丈夫和自己不同心,但即将临产,她已无退路。

刘娟头胎生了一个女儿。蔡坤很欢喜,加上前妻给他生的儿子,他算得上凑足了儿女双全的"好"字。但女儿出生后,蔡家没有通知亲友,没有办满月宴。从领证到女儿呱呱坠地,一切都是静悄悄的。

刘娟妈妈过来帮忙照顾母女俩。刘娟以为亲妈在身边,日子会过得没那么压抑,但很快发现事与愿违。婆婆和大姑子瞧不起刘家母女。为了避免争吵,刘娟母女与蔡家人保持距离,尽量不在客厅过多交流。有一次,大家就带孩子的问题起了争执,蔡坤坚定地站在婆婆和大姑子一边,刘娟与母亲只能抱团取暖。多年后,刘娟下定决心离婚,母亲没有劝和,毫不犹豫地支持女儿。

02
家暴只有零次和无数次

刘娟刚出月子，蔡坤迫不及待地让她回去上班，说工厂的大小事务都等着她处理。刘娟最开始的文员工作非常简单，做好老板交代的具体任务就可以了。恋爱后，蔡坤很信任她，让她接手各种杂活。小到工厂里的跑腿、食堂买菜，大到工人在生产事故中受伤，让她冲在前面挡，以及被税务查账，要她接受问询等。刘娟从文员变成行政主管，成了蔡坤的左右手。结婚后，她更成了名正言顺的老板娘。

回到厂里上班，刘娟明显感觉到，丈夫看她的眼神不再温柔，对她总是骂骂咧咧，说她啥事都做不好。更难堪的是，蔡坤专门挑很多员工在场的时候批评刘娟，削弱她的权威。刘娟白天处理厂里各种行政事务、忍受丈夫的辱骂，晚上回家还要做家务、照料女儿和应对阴阳怪气的蔡家人。她的日子甚至不如婚前的普通员工生活好过。

刘娟的弟弟刘强少年时期很崇拜做大学教师的姐姐，把她当成人生榜样。刘强毕业后在蔡坤手下工作过。一次厂里中高层员工的酒店聚餐，刘娟不小心打碎了餐桌上的酒杯，蔡坤当着员工的面对刘娟大发雷霆："你怎么这么没用，酒杯都拿不稳！"刘娟很难为情，尴尬地承认自己没用。她只得弯下身子、低下头，收拾地上的玻璃碎，蔡坤才稍稍息怒。

刘强在场，看在眼里，痛在心里。事后，他悄悄对刘娟说姐夫有精神问题，劝她离婚。刘娟对弟弟的冒犯有点生气，但也没太在意，只觉得弟弟不懂礼貌、护姐心切，对蔡坤有偏见。刘强没再说什么。刘强后来选择单干，离开了姐夫的工厂。他对刘娟说："姐姐，我要强大起来。我只有强大起来才能救你！"刘娟觉得莫名其妙。但这句话多年后让她踏出了离婚的关键一步。

女儿出生后的几年，蔡坤对刘娟的语言暴力有增无减。刘娟几乎每天都想离婚，但怕自己会流离失所，带不走女儿，让女儿受伤害。

某个盛夏夜晚，刘娟要在厂里加班到很晚，嘱咐蔡坤把女儿带来陪她加班。蔡坤把女儿放在车后座，回到厂里，自己下车，把熟睡的女儿忘记了。女儿在引擎熄火、门窗密闭的宝马车内闷热惊醒，求生本能让她在车里乱抓一通，拿硬物拼命敲车窗。过了大半个小时，女儿才被路过的保安发现。蔡坤把女儿救出时，女儿的衣服早就被汗湿透了。女儿全身抽搐痉挛，出现了明显的中暑窒息症状。闻声赶来的刘娟抱过女儿，天然的母性让她第一次对蔡坤破口大骂，骂到浑身无力。蔡坤略显错愕，敷衍回应："好啦，好啦，我知道了！"

刘娟后怕，如果女儿当时没有敲车窗，如果刚好没有保安出现，后果不敢想象。事后，一到黑暗的地方女儿就害怕，不敢再在车里睡觉。刘娟意识到，女儿不能离开她，她也离不开女儿，没有人能像她一样保护女儿。如果离婚，自己一个人不一定能保护好女儿。

表姐来做客，看出刘娟的痛苦："蔡坤和他家人之所以对你百般刁难，主要是因为你没给他生儿子！"表姐举例，认识的那些女性给丈夫生了儿子之后，丈夫会如何宠爱妻子。

刘娟之前认为，蔡坤是20世纪90年代初一流大学毕业的高才生，不会像没文化的暴发户小老板一样，有养儿防老、多子多福的思想。结婚以来领教了蔡坤的恶言恶语和喜怒无常，她重新思考，或许蔡坤也希望自己主动给他生儿子。

刘娟想向蔡家人证明她可以生出儿子，希望提升自己的家庭地位，再次获得丈夫的认可。她没有意识到，自己已经妥协得不再是娘家的公主、大学里人人尊敬的刘老师。

刘娟又怀孕了。她不敢让丈夫陪产，害怕二胎还是女儿。刚出生的孩子呱呱大哭，刘娟不敢看。医生告诉她是个男孩，她尖叫起来，和医生确认了三次。放下心来的刘娟晕过去了。

蔡坤赶到病房，刘娟妈妈告诉他生的是男孩。蔡坤眉飞色舞，没有关心妻子怎么样，立即打电话给工厂的厨房负责人："今天老板高兴，老来得子。给所有的员工加餐、发红包！"

刘娟苏醒过来，听到妈妈告诉她这一切，忍不住哭了。她回想生女儿时的悄无声息和现在生儿子的"惊天动地"，觉得自己赌赢了，开始憧憬以后的顺遂日子。

回到别墅没多久，刘娟听到婆婆与大姑子的埋怨："孩子为什么不选在5月25日生呢？男孩要得'五命'才好！你怎么不多坚持两天，非要在5月23日剖腹产？"刘娟妈妈为女儿叫屈："我女儿冒着生命危险为你们蔡家生了个儿子，你们没有一点好话，还这么多怨言！"婆婆与大姑子的"密语"总是有意无意让刘娟听到，之前别墅里两派明争暗斗的局面再次出现。

蔡坤对儿子的疼爱溢于言表，总说老来得子是上天对他的赏赐。但他并没有在儿子身上投入多少关注，只是逢年过节回老家时把儿子带在身边走亲访友，不带女儿。

刘娟在蔡家的地位并没有提高，在别墅里依然要忍受婆婆和大姑子的无端指责，在工厂依然要忍受蔡坤每天当着员工的面骂她的难堪。刘娟从不当众顶撞蔡坤，怕有损他的权威。但她的逆来顺受换来的是蔡坤当众追骂她是"精神病"。她的大姑子嘲笑说，没见过她这么能忍的人，一定是图蔡坤的钱才能隐忍十二年之久。

蔡坤有时为了求欢，会换上另一副面孔对刘娟说各种甜言蜜语，顺势"教育"她："你要理解婆婆和大姑子，毕竟你是从她们手里把我抢走的。她们是尊长，做媳妇、做弟媳，应该好好伺候她们。提高自己的学习能力，学会情绪管理，给孩子们树立团结友好的好榜样，不要激化家庭矛盾。"比起白天蔡坤当众骂人的难听话，刘娟勉强能接受这种看似温和的说教，感动地以为以前爱她的蔡坤没有改变。

但自欺欺人的刘娟身体很诚实。她发现自己越来越害怕和丈夫同房。蔡坤一次比一次不满意夫妻生活……刘娟的身心彻底变冷。无论她多想回到刚和蔡坤认识时的如胶似漆，夫妻的性生活就是热烈不起来。刘娟怀疑自己生病了，偷偷去医院检查性激素水平，医生却告诉她一切正常。

结婚第十年，蔡坤开始在同房的过程中打刘娟。她以为这是蔡坤激情到达极致时的无意识行为，没太在意。但她没反应的话，蔡坤会继续打；她言语抗议会被打得更厉害。刘娟劝丈夫别打她，蔡坤反唇相讥："我一天到晚在外面这么累，晚上对自己的老婆耍耍流氓、减减压有什么错的？又没把你弄伤！"后来，蔡坤还把这套说辞搬到夫妻一同参加的心理咨询室里和法庭上。

刘娟检讨自己是不是太不体谅丈夫，太没情趣了。但蔡坤的虐待越来越过分，超出了她的容忍底线。她不愿意再顺着他来。

结婚第十二年，他们爆发了第一次严重冲突。2020年8月20日晚，刘娟工作了一整天，回家后身心俱疲，躺在床上准备睡觉。蔡坤摸过来，上下其手，要求同房。刘娟说自己不舒服，很累了，不愿意发生性行为。蔡坤恼羞成怒，冲过去撕扯她的睡衣，乱抓乱摸，钳住刘娟的上半身用力摇晃，把她的胸部和双肩抓伤，留下明显的紫红色抓痕。

刘娟多年来的隐忍集中爆发。她拼命将蔡坤推开，脚不停地蹬踢，阻止蔡坤。蔡坤折腾累了，大声咒骂，说了一通侮辱性的狠话。刘娟突然萌生出留下证据的意识，偷偷打开手机的录像功能。可惜她的手机镜头对着天花板，只录到了冲突后老公骂骂咧咧的声音。

刘娟在恐惧中无法入睡。她假装上卫生间，用手机对着被抓伤的锁骨、手臂根部、胸口、小臂等几处受伤部位拍照留存。惊魂未定的她反复思虑了一整天，鼓起勇气给刘强打电话。她在弟媳的陪同下去医院看病验伤，再去派出所报警。

家暴只有零次和无数次。两人的关系急剧恶化。短短的十个月里，又发生了三次严重的家暴。

农历年底，蔡坤对刘娟产生了财务上的怀疑，逼她交代所有资金明细，及所有银行卡和密码。刘娟有所妥协，但隐瞒了自己买大额保险的事。蔡坤不满意，双方陷入冷战。蔡坤在微信里诬蔑刘娟当初和他结婚的动机可疑，还说打听到她小时候是傻子，她在大学期间失去了处女之身，甚至提到掌握了刘娟不是她父母亲生、另一个弟弟刘勇因犯罪逃亡到国外的证据等。看着蔡坤为了争夺财产贬低她、离间她和娘家的信任关系，狠心编造子虚乌有的谎话，刘娟很痛心。刚好两个孩子放寒假，她带着儿女到刘强家暂住。蔡坤对刘娟未经同意就住在外面的行为大发雷霆。

2021年2月4日晚七点多，蔡坤气势汹汹地堵在刘强家楼下，不准外出回来的娘仨上楼，想把两个孩子抢回老家过年。刘娟基于新冠肺炎疫情的考虑，不同意孩子回老家。两人发生拉扯，刘娟打电话通知刘强下楼解围。蔡坤在孩子们面前打了刘娟和刘强，还抢先报警说自己被打。警察来了后认为是"没有证据、没有后果的家庭纠纷"，冲突不了了之。

2021年5月底，蔡坤和刘娟的关系略有缓和。刘娟看蔡坤咳嗽，按广东的饮食习惯买了猪肺煲汤给他喝。蔡坤喝着味道不对，知道有猪内脏后大骂刘娟，指责她结婚十几年还不了解他不吃动物内脏。刘娟忍不住骂他活该咳嗽。6月3日晚，两人再次吵架。蔡坤没想到刘娟变得如此不顺服，说着"今天必须好好收拾你这个婊子"，数次推搡刘娟。刘娟不断闪躲，被蔡坤从楼上追打到楼下，胸口被打伤。蔡坤把刘娟拖行数米，强按在卧室墙上，边扇她耳光，边让她"滚出这个家"。刘娟伤痕累累，到刘强家借住。第二天中午，蔡坤发短信道歉。在刘强的劝说下，刘娟决定回家，和蔡坤好好谈谈。

6月7日凌晨，发生了离婚官司前最严重的一次家暴冲突。刘娟看蔡坤没有半点放低姿态求和及丝毫愧疚的意思，赌气去儿子房间睡觉。凌晨三点多，蔡坤摸黑进来，要求和刘娟同房。刘娟无法接受。蔡坤霸王硬上弓，她手脚并用地反抗。蔡坤被激怒，用力死掐刘娟的脖子，导致她意识模糊、呼吸困难。刘娟在挣扎中咬了蔡坤一口，夺门而出，踉踉跄跄地跑到地下停车场，躲进车里。过了一阵，她担心蔡坤追上来，于是飙车到几公里外菜市场的露天停车场。确认丈夫没有追上来后，她躲在车里痛哭，彻夜未眠。

之前每次被打，刘娟还能自欺欺人：可能是自己惹怒丈夫，以后小心点就可以避免了；可能只是他力道重了一点而不自知；自己也有错，丈夫肯定不是故意打我的。但这次，她分明感受到被掐脖子时对方眼睛里的凶光，和自己濒临窒息时与死神擦肩而过的恐惧和绝望。这样的暴力不是假的，也不可能是错觉，她一辈子都不会忘记。

痛了几个小时，天亮了，刘娟才反应过来要把胸前的伤口、脖子上的深红抓痕和下颌处的血印拍照留存。上午八点半，她独自去街道办社区，找到妇联主任的办公室，控诉自己被家暴的遭遇。妇联主任帮她报了警，刘娟以为这就可以了。经常进出派出所的蔡坤说自己正忙着整理离婚所需的财务资料，拒不接受警方的传唤。第二天，他才在警方的电话催促下到派出所接受问话。能言善辩的蔡坤不肯承认家暴，也拒绝做笔录，只愿意在治安调解协议上签字。但上面的内容只有对以后不家暴的泛泛保证，完全没有提及过去48小时内他如何伤害妻子。

逃出来的刘娟去了刘强家。刘强赶紧帮刘娟物色律师。经过在抖音上的挑选比较，他们认为我最值得信任，就联系了我的助理。

03

买保险不能避债

我第一次见到刘娟，她一脸惶恐，声音发颤、手发抖。

刘娟的离婚诉求：一是离婚，二是分割财产。

她结婚十二年，女儿11岁，儿子7岁。刘娟在婚后负责工厂财务，工厂营收利润直接转入她的个人银行卡账户。夫妻双方共同名下和各自名下的财产，有五处房产、三辆轿车、一间工厂，以及存款、股票、基金、保单等，合计超过5000万元。

她在婚内陆续购买了70多份高额保单，累计保费超过3000万元。这种理财型的高额保单，和长期的定期存款相似，如果存放时间足够长，利息会比银行定期存款高3~5倍，且比银行存款更隐秘。她买的保单和银行存款一样是保本型的，某种程度上来说更安全。

为什么会买这么多保险产品？刘娟解释，蔡坤好面子又独断，喜欢拿夫妻俩赚的钱资助他的姐姐、外甥等，或者和酒肉朋友合伙瞎投资，亏掉是常有的事。刘娟本来想多买些房子的，但蔡坤极力反对。她没办法，只能瞒着老公，以自己做投保人，偷偷买保险，实现家庭财富的保值、增值。刘娟还说，保险推销员告诉她，买保险可以避税和避债。

我仔细研究了刘娟购买的保单，里面"投保人—被保险人—受益人"的保单架构没有丝毫避税的功能。我让她解释她要实现什么避税目的。她解释不清楚。以我对保险行业现状的了解，她大概是被保险业务员喜欢说的"遗产税"与"赠与税"吓到了。

父母把财产留给子女，可以通过生前的赠与或死后的继承，不管是哪一种方式，目前的中国法律都没有对此征税一说。而境外部分发达国家或地区为了抑制贫富差距，会开征高达40%的遗产税。

中国会开征遗产税和赠与税吗？这个话题一直是保险行业内最喜欢谈论的。他们经常拿美国举例，在中国放话"狼来了"。除了1996年全国人大批准的"九五"计划中曾出现过"逐步开征遗产税和赠与税"的表述外，近二十多年来，国内从未将其列入正式的立法规划。

保险避债更是很难实现的。

甘肃省一对夫妻生意失败，债主告到法院要求还钱。夫妻双双被列为被执行人，房子被法院拍卖。债主打起了夫妻大额保单的主意。夫妻连续13年购买了九份人寿保险，交了数百万元的保费，投保人写夫或妻的名字，受益人写子女的名字。债主知道这九份保单很值钱，只要投保人愿意到保险公司办理退保手续，就能够拿到保单的巨额现金价值。但夫妻不愿意退保。债主向法院申请强制执行，要求保险公司强制退保，并划扣这九份保单的已交保费。

夫妻不同意法院的强制执行，申请复议。他们阻止执行的理由有三：第一，如果要划扣名下保单全部保费，事实上就要解除保险合同，保险合同在履行期间没有出现解除事由却解除合同，与《中华人民共和国保险法》（以下简称《保险法》）相抵触。第二，九份保单指定的受益人是子女，保单权益事实上归子女所有，只要子女活着，即享有对保险金的请求权，划扣保费损害了孩子的合法利益。第三，现有法律和司法解释对法院强制执行人身保险金没有作出明确规定，法院强制执行保单于法无据。

这起（2021）最高法执监35号案从兰州市中院，打到甘肃省高院，最后闹到最高人民法院。三级法院做出的三份裁定书均认为法院可以强制执行保单的现金价值，驳回夫妻的复议和申诉。这意味着，最高人民法院准确无误地向全社会明确了：保险不能避债，保单可以被强制执行。三份判词总结有以下要点——

一、保险以人的生命和身体作为保险标的，兼具人身保障和投资理财的功能。人寿保险是一种较为普遍的投资理财方式，投保人可以获取利息等红利收入，还能以保单现金价值为限进行质押贷款。保单本身有储蓄性和有价性，投保人可通过随时解除保险合同提取保险单的现金价值。保单的现金价值基于投保人缴纳的保险费形成，是投保人依法享有的财产权益。最高法院定性：保单是财产，提取的保单现金价值一般归投保人所有，而不是受益人。

二、保单的现金价值属于投保人的财产，但该财产不具有人身依附性和专有性，不是被执行人及其扶养家属必需的生活物品和生活费用，不属于按规定不得执行的财产。因此，保险单的现金价值依法可以作为强制执行的标的。

三、根据《保险法》的规定，在保险期内，投保人可以通过单方自行解除保险合同，提取保险单的现金价值。保险单的现金价值在数额上具有不确定性，投保人可以随时提取。在投保人不能清偿债务，又不自行解除合同、提取保单现金价值还债的情况下，法院有权强制替代被执行人对保险单的现金价值予以提取。

四、该案中的夫妻作为被执行人，负有积极采取措施履行生效判决的义务。在无其他财产清偿债务的情况下，该夫妻应主动依法提取保险单的现金价值偿还债务。其不主动提取保险单现金价值，明显违背诚信原则，人民法院强制执行扣划，符合人民法院执行行为的强制性特征，具有正当性、合理性，有利于高效实现当事人的合法权益，减少各方当事人诉累。

该案是迄今为止最高人民法院向全社会发出的最清晰无

误的指引：买保险不能避债，保单和存款都可以被法院执行。这也表明，家族财富的管理和传承问题事关家族命运和后代发展，一定要找权威可信、中立靠谱的法律专业人士把关。

刘娟的家族财富管理知识存在很大的问题，用家庭过半数的净资产买保险，显然没有起到她以为的避税或避债作用。但这70多份以她作为投保人的保单拯救了身处危险婚姻中的她，给了她敢于离婚的底气。掌握家庭财富的知情权和支配权，是她能够避免企业家太太的典型悲剧之关键所在。

她一直以为，自己签了《婚前财产协议》，蔡坤名下的一切，包括工厂在婚后赚的营收，在法律上和她没有任何关系。她甚至相信蔡坤说的"不交出财产就是侵占罪，要坐牢"的威胁。这份婚前财产协议的主要内容，是这样写的：

婚前财产协议书

男方：蔡坤

女方：刘娟

男女双方于2009年×月×日履行结婚登记手续，都愿共筑爱巢，白头偕老。为了防止今后可能出现的婚前财产纠纷，根据《婚姻法》的有关规定，自愿对各自婚前财产作如下约定：

一、双方财产：男方拥有的财产包括位于深圳市×区×楼盘房产及车库，位于深圳×工业区建材厂一座（工厂资产总价值1100万元——房产250万元，银行存款180万元，应收款320万元，设备、原材料及产成品库存350万元等），轿车两台，银行存款120万元，股票310万元，基金100万元。女方拥有银行存款1.2万元。

二、财产处置：婚后若对该财产进行处置，重置财产中如包含该部分财产价值，仍属原产权人，不视作夫妻共同财产。婚后，货币存款不因存单到期另行转存而视作共同财产，因存款取得的利息收益仍归原存款人所有；购买的股票在婚后交易中取得的收益或亏损均视作夫妻共同财产，而不归原股票持有人，双方另有约定的除外。

三、其他约定：婚后因婚前取得的知识产权或股权而取得的收益归知识产权人或股权人所有；婚后双方继承或接受的赠与归各自所有，被继承人和赠与人有明示的遵照明示。

四、本协议一式两份，双方各执一份，签字盖章后生效。

男方：　　　　　　女方：
　年　月　日　　　　年　月　日

我看完协议内容，哑然失笑。我对刘娟说："我有信心帮你打掉它。"刘娟和陪同的弟媳惊讶对视，尖叫"真的吗"。她不敢相信困扰她十二年的"紧箍咒"，竟然是假老虎。我说："是的，你委托我之后，我会写一个详细的质证意见，到时我们一起打磨质证意见，说服法官。"

刘娟很肯定地跟我说："签的协议书一式两份。给我的那份，我当场撕掉了。蔡坤手上的那份，过去每次吵架，他为了讨好我，都和我说会撕掉它，微信聊天记录我都有。有一次我们吵得特别厉害，他真的拿了一份看似有我签名的原件撕掉了。过了不久，他说撕掉的那份是彩色复印件，原件还在他手里。我不知道他的哪句话是真的。我翻遍家里和厂里的保险柜,一直没有找到他的那份原件,不知道是不是真的撕掉了。每次我闹离婚,他就发协议书的照片给我,说根据上面的约定,我的婚前财产只有1.2万元,离婚的话,我只能分到这1.2万元。"

从这份蔡坤自拟的婚前财产协议中可以看出:一是他极端自信,凭着对婚姻法律的一知半解,非常大胆地自己准备了这份协议内容,完全没有经过专业的法律人士把关;二是他非常有计谋,他最关心的可能不是协议内容一定要有法律效力,而是能让刘娟嫁给他后不打财产的主意,长期把刘娟唬住。

04
与第三人恶意串通的债务不是夫妻共同债务

蔡坤手上有没有这份协议的原件呢?我盯着打印出来的协议照片,琢磨了好一会儿,突然灵机一动:我知道怎么对它质证了!

我把对婚前协议的质证意见和主要问题的辩论意见发给刘娟,希望打消她的疑虑,让她相信包括保单在内的婚内财产,她至少可以分割一半:

对被告证据一《婚前财产协议书》的质证意见

对该证据的真实性、合法性和关联性有异议。

一、被告没有出示原件，对于无法与原件核对的复印件，我方不认可它的真实性。

二、这复印件显示的内容，双方从来没有遵照执行。两人结婚后，被告没有采取任何措施隔离和保护这些所谓的婚前财产，而是主动让原告接手管理包括工厂在内的所有婚前财产。退一万步讲，哪怕原被告双方曾经于婚前约定过复印件显示的内容，婚后被告以实际行动自愿将这些婚前财产贡献出来交由原告打理这一系列的行为，在法律上意味着原被告双方婚后以实际行为变更了之前的书面约定。被告应对自己书面约定后以实际行动变更书面约定的后果承担责任。

三、原告在起诉状中主张分割的夫妻共同财产，并没有落入该复印件证据约定属于婚前个人财产的范围。再退一万步，对方能够提供经过鉴定是双方真实签名笔迹的原件，假设协议真实有效，根据这份文件内容所指向的婚前财产，为建材厂一座（工厂资产总价值1100万元）、汽车及银行存款、股票、基金。在过去十二年的婚姻过程中，被告自愿将他的婚前财产拿出来，用于婚后夫妻共同经营，婚前财产已经与婚后财产混同。夫妻双方利用婚前财产，共同投入婚后的时间、精力、智慧，创造出现有的夫妻共同财产。婚前财产和婚后财富经过十多年、千百次的深度融合，现在不可能分得清你我，即便有婚前财产，也已在法律上完全混同。被告提供的证据不能证明双方现有的夫妻共同财产直接来源于婚前财产的重置。

关于"建材厂一座（工厂资金总价值 1100 万元——房产 250 万元，银行存款 180 万元，应收款 320 万元，设备、原材料及产成品库存 350 万元等）"问题的辩论意见

1. 建材厂是指"独资企业深圳市 × 工业区邦达建筑材料厂"（以下简称"邦达工厂"），邦达工厂的法定代表人和实际所有权人，在所谓婚前财产协议签订的时间点——2009 年 × 月 × 日——并不是被告。被告只是工厂的一个股东，将不完全属于被告自己的财产约定为被告的婚前个人财产，本身属于无权处分。

2. 被告名下的邦达工厂，系原被告婚姻关系存续期间，以夫妻共同财产出资购买所得，其现有资产及经营权均属于夫妻共同财产。

3. 所谓《婚前财产协议》所列的工厂资金总价值 1100 万元——房产 250 万元，银行存款 180 万元，应收款 320 万元，设备、原材料及产成品库存 350 万元等，指向不明，这些财产现存于何处，与原告主张的夫妻共同财产是否同一、有何关联，被告无法举证证明。退一万步讲，即便所谓《婚前财产协议》约定所指向的这些财产是特定明确的，假设我方也承认被告对这些财产是有权处分的，但在后来的婚姻关系存续期间，这些财产都投入到夫妻双方共同经营的活动中，共同经营所创造出来的新财富，已经融入了婚后夫妻双方特别是原告的劳动、精力和智慧，变得你我不分了。

这种财富的融合和再创造的过程，风险与收益共存，发生在婚后。被告不应自私地认为工厂的总价值在婚后长达十二年的漫长岁月里可以旱涝保收地一直存在、永远属于自己。离开了原告的贡献，这些所谓的婚前资产可能已经亏空，正是因为原告的加入，双方合力创造的财富才越滚越大，支撑起过去十二年家庭的庞大开支和家庭财富的持续积累。

原告在过去十二年的共同经营中，一起承担了经营的风险，理应享受冒着高风险获得的收益。

4.所谓的《婚前财产协议》约定"婚后若对该财产进行处置，重置财产中如包含该部分财产价值，仍属原产权人，不视作夫妻共同财产"。这里的"处置""重置"，应理解为完全没有风险的保值增值性处置和重置，而不应包括在婚内用于扩大再生产、再投资。否则，不仅在字面上理解是错误的，而且从法理上、风险与收益成比例的合理性原则方面分析也是荒谬的，如上第3点所阐明的，对原告是极其不公平的。

刘娟和刘强读后十分信服。以我的经验判断，蔡坤必输无疑。但从结局反推，我当时显然轻视了蔡坤对刘娟的控制程度，也高估了刘娟的抗压能力和离婚决心。

我正式构思本案的代理策略和具体思路，刘娟的诉求是离婚和分财产，我们首先要看家庭暴力这个离婚的法定事由有没有相应的事实和足够多的证据。我提示刘娟仔细回忆这些家暴冲突中的重要事实，她面露痛楚。

这是家暴受害者非常平常的情绪反应。我曾经代理过另一起严重家暴索赔案，每次我和当事人一起回忆家庭暴力的细节，最多只能进行一小时，当事人需要休息一星期才能继续，否则情绪会崩溃，无法进行下去。就这样持续了三个月，我们才最终整理出最严重的十次家暴行为的时间、地点、冲突经过、具体打击部位和伤害后果。我指导当事人逐一查找每次家暴时间点前后的聊天和通话记录等证据。

其他婚姻家事领域的律师在起诉时通常尽可能把起诉状

写得很短，隐藏自己的诉讼策略。普通民事案件的起诉状通常只有半页纸。但代理家暴离婚案时，我会坚持把家暴的细节写入长达数页的起诉状。

对被施暴的受害者（通常是女性）来说，整个诉讼过程的每一个环节都需要其通过回忆、表达和控诉及外界的回应来疗伤，恢复对良善世界、亲密关系和人际交往的信心。作为专业的婚姻律师，认真倾听当事人被家暴的过程和细节，详细记录下来，写成起诉状，在法庭上朗读，在法庭调查和辩论中揭露和控诉，这其中每一个严肃表达的机会对当事人来说都非常必要。无论法官是否认定家暴成立，判决结果都无法替代此过程对当事人的疗愈作用。只要诉讼过程获得充分表达，即便碍于客观证据缺失、基于举证规则而败诉，受害者最后也是能够接受的。这就是我们法律人追求的"程序正义"。

刘娟似乎不在乎离婚官司揭露过程的疗愈效果，更关心家暴事实和证据是否足够实现第一次诉讼就能判决离婚的目的。从夫妻俩过去两年的众多冲突中，我们快速地梳理出四次最严重的家暴事实写入起诉状。还没来得及系统整理相应的证据，距离签订代理合同已经过去十几天，这段时间，蔡坤每天用微信信息轰炸刘娟。我建议刘娟不要轻易回复，以免惊动他和留下证据。完成起诉状起草和初步的证据整理之前，最好不要让对方知道我们在准备诉讼。

我们完成了网上申请立案工作，这是我办过的离婚案中立案速度最快的一次。三天后，网上审核通过，我提着纸质材料，直奔蔡坤户口所在地的珠三角某一线城市某区法院，在立案大厅提交起诉状、第一批证据清单和相应的委托律师手续。我向立案庭的工作人员特别强调，本案涉及严重的家暴，对方名下价值上千万元的存款和有价证券随时可能被他转移，所以我们不接受诉前调解，要求法院直接立案。工作人员没多说什么，接收了我的材料，口头答复"7个工作日内立案，律师留意电子送达的手机短信即可"。

诉前联调，是珠三角地区的法院特别喜欢用的制度。在我们律师看来，这是因为法院忙不过来了，想延缓案件涌入法院的速度。尤其每年11月开始，每个法院都面临结案率的考核压力。如果法官被分派到大量案件，又不能在年底前结案，绩效和年终奖都会受影响。

离婚案就是法律明确规定要先调解的其中一类案件。基层法院发明了"诉前联调"制度：公民申请立案时会被告知一个非正式的诉前联调案号，等法院安排的调解员介入失败后，才会正式立案；但少有法院在诉前调解阶段会认真介入调解。律师们对诉前联调制度心照不宣，如果当事人不是催得特别紧，通常会任由法院先调解1~2个月再催促立案。

我们为刘娟案争取到快速立案，同时申请财产保全，冻结了蔡坤名下银行账户数百万元的存款、数百万元的股票和数百万元的基金。为什么要快？蔡坤这种在生意场上能赚到过亿元财富的男人通常老谋深算。据刘娟说，厂里、家里遇到的任何经济纠纷，蔡坤都不请律师，自己单枪匹马去开庭也可以打赢。这个离婚案，估计他也不会请律师。我们希望离婚诉讼的特殊性他不会懂得太多。

我们很快收到了传票，40天后开庭。我开始隐约担心一个问题：蔡坤会不会恶意制造夫妻共同债务？

过去十几年，全国各地发生了不少恶意制造夫妻共同债务的冤案，很多受害者是丈夫做生意的全职太太。通常是男方发现全职太太有离婚的苗头，他们开始和生意伙伴或亲友串通签借条并实际打款，接着以各种方式"亏掉"这些资金，之后夫妻双双被起诉要求按夫妻共同债务还钱。

根据2003年出台的《最高人民法院关于适用〈中华人民共和国婚姻法〉若干问题的解释（二）》（以下简称《婚姻法司法解释（二）》）第24条（俗称"24条婚规"）规定，夫妻关系存续期间，一方在外所欠的债务应当按夫妻共债处理，即便离婚，一方也会背上前任在婚内的对外欠债。被曾经的配偶利用"24条婚规"陷害的受害者数以十万计，部分全职太太发起非正式的民间组织"反24条联盟"，法律界也有不少律师加入。

2017年2月28日，最高人民法院发布补充规定，在《婚姻法司法解释（二）》第24条基础上增加两款，与第三人恶意串通的债务，及从事赌博、吸毒等违法犯罪活动中的债务，不是夫妻共债。但这依然坚持了"夫妻一方对外欠债，默认为夫妻共债"的错误逻辑，没有解决司法实践中大量离婚被欠债的问题。

2018年1月18日起实施的《最高人民法院关于审理涉及夫妻债务纠纷案件适用法律有关问题的解释》最终推翻了

"24条婚规"。其第三条规定:"夫妻一方在婚姻关系存续期间以个人名义超出家庭日常生活需要所负的债务,债权人以属于夫妻共同债务为由主张权利的,人民法院不予支持,但债权人能够证明该债务用于夫妻共同生活、共同生产经营或者基于夫妻双方共同意思表示的除外。"夫妻一方的对外债务,法律改为默认是一方的个人债务,不再是夫妻共债;如果债权人不服、要求按夫妻共债偿还的,必须证明属于以上三种情况之一。

这个夫妻共债规定被2021年生效的《民法典》全盘采纳,成为其第一千零六十四条规定。自此,人们结婚或离婚,就再也不用担心会被 对方恶意欠债了。

假如蔡坤和生意伙伴或亲友恶意串通,借工厂之名对外欠债,这些债务无疑会成为夫妻共同债务,关键在于刘娟参与了工厂的"共同经营"。

要求离婚的刘娟应该怎么规避被欠债的风险?经过我的讲解和建议,刘娟决定委托我广泛寄发律师函,书面提醒工厂的客户、供货商和蔡坤生意上的朋友:两人正在打离婚官司,请不要配合蔡坤串通伪造债务。

20多封律师函寄出,连同个人名下的存款、股票、基金接二连三被冻结的消息,蔡坤彻底被惹急了。他找刘娟要我的电话,我同意可以给他。蔡坤在电话里要求见面谈,我们约在我律师事务所的调解室。负责调解和谈判工作的李湘和我共同接待。以我的经验和对他要求见面的理解,他应该是想来解决问题的,我们希望看看有没有调解的空间。但一见面,我就感觉不对。蔡坤一来就指责我破坏他的家庭,骂骂咧咧，情绪非常激动。我有些诧异，提高音量说："你的婚姻问题不是我造成的。我是你妻子的代理律师，职责是让她的利益最大化。我的所有工作都是得到她本人授权的。"看来我俩谈是不可能的了。我选择离开调解室，让李湘和他单独沟通。这种局面我们之前也遇到过，所以事先有预案。这次至少需要了解对方的来意和他对官司的心理预期。

05
从调解和好到调解离婚

李湘以谈判专家的身份和他见面，强调她同时是心理咨询师，调解过很多离婚案件。我们以往的经验是，李湘没有律师身份，当事人的戒备和防范心会少一点，处于情绪漩涡的婚恋双方更容易敞开心扉沟通。

他们聊了整整四个小时。结束后，李湘大为疑惑。蔡坤的说辞和刘娟描述的完全不同，而且表现出非常诚恳的样子，眼神没有逃避、躲闪，讲述有逻辑、有条理，没有半点犹豫。

李湘转述刘娟曾经哭诉在蔡家没地位，继子扇她耳光，大姑子和婆婆联合起来欺负她，大姑子还骂刘娟的父亲；这些事情，蔡坤亲眼看见或知情，但总是站在他家人那边，从不帮她。蔡坤否认，说自己毫不知情，在他看来，一大家子很和睦，是别人眼里羡慕的幸福家庭。

刘娟不满蔡坤给了大姑子几十万元在老家买房，蔡坤的解释似乎合情合理："我父亲病重时，我因为工厂工作忙，没有时间照顾父亲。父亲是姐姐一个人照顾的。为了感激她，我在老家买了一套房子送给她，这个事情刘娟是知道的。"

对于刘娟被家暴的指控，蔡坤说："肢体上的冲突是因为性生活不太顺利，我为了得逞，用力过猛而已。刘娟才应该反省为什么每次对我这么冷淡。我可是她的合法丈夫！"

蔡坤驳斥刘娟说他控制欲强、不让她学习和接触新知识的事。他完全否认发生过自己把刘娟正在看的英语书抢来撕掉的场景："根本没有这回事！我巴不得所有员工多学习、多进步。怎么可能阻止她学习成长呢！"

在蔡坤的逻辑下，刘娟要求离婚似乎全是她无理取闹。

李湘转而引导蔡坤讨论离婚和财产权益问题："您太太和我们律所签订的法律服务合同，包含了调解和好及调解离婚服务。如果你们能够和好，我们的收费会远低于诉讼离婚的费用。宁拆十座庙，不毁一桩婚，调解和好服务是我们团队的优势，我们都期望客户能和好。我和您太太做过三次深入沟通，她现在离婚意愿很坚定。您想怎么挽回太太呢？"

蔡坤又开始激动了："刘娟的整个原生家庭都有问题，她一直有精神障碍。我认识她的邻居，别人说她小时候经常被关在门外傻坐发呆。她以前管她妈妈叫'阿姨'，因为她不是父母的亲生女儿。刘娟的两个弟弟都没有出息，一个在国内犯罪、流亡国外，一个来深圳在我厂里干了几年，离职后一直没有正经工作。她父母希望我们离婚，就是想分我的财产给她两个弟弟。刘娟虽然有精神问题、脑子不清醒，但怎么讲，她还是我两个孩子的母亲。我愿意管她、给她治疗。"

事情开始明朗起来。蔡坤的说辞和他在微信上不断发给刘娟的信息几无差别，都在试图离间刘娟与家人的关系。李湘无意和蔡坤聊刘娟和她原生家庭的问题，平和而坚决地回应他："我不觉得你太太有精神问题！"

蔡坤谈起刘娟的精神状况时，不是用请教的口吻，而是断言面前这位专业心理咨询师的客户有精神病。如果在夫妻矛盾冲突的具体事件上，双方因为利益立场不同出现认识偏差，这是可以理解的，但为了利益而歪曲一个人的基本精神健康状况，这实在过分了。

我和李湘为什么会反感蔡坤攻击刘娟的精神状况呢？难道我们团队绝对不会因为利益问题而忽视刘娟的精神健康状况吗？李湘判断刘娟没有精神问题，也没有严重的心理问题。她遇到家庭变故后的情绪低落、焦虑、焦躁是很普遍的心理问题，可以慢慢调适。和蔡坤的商谈结束后，李湘在我们团队内部按流程做过系统分析：

一、刘娟未见器质性病变基础，也就是没有身体器官上的病变和不适。

二、刘娟的主客观世界统一，精神活动内在协调一致，人格相对稳定。她在和我们长达一个月的沟通中，特别是在好几天案情梳理的面对面相处中没有出现幻觉、妄想等精神病症状，自知力完整，主动寻求家人陪同来律所咨询，并能有效收集整理繁杂的案件资料。这完全可以排除精神病的可能。自知力完整的人可以察觉或识辨自己有病与否、精神状态是否正常，如果认识到自己患病，会主动积极地寻求帮助和配合治疗。而精神病患者一般有不同程度的自知力缺陷。

三、刘娟的离婚诉求基于现实因素——她感受到的家暴。刘娟思维清晰，能有逻辑地讲述和发掘相应证据，并非臆想冲突。这可以排除神经症问题。神经症是一种精神障碍，主要表现为患者觉察或体验到持久的心理冲突，深感痛苦，心理功能或社会功能受阻碍。刘娟的不良情绪仅限于与丈夫的关系方面，没有泛化，与律师团队沟通时情绪正常，可以排除严重心理问题。刘娟能完成律师团队交代的证据整理工作，她的社会功能也没有受损。

在商谈中，李湘还没有来得及和蔡坤细致剖析为什么认为刘娟没有精神问题，蔡坤就坚决反对，笃定刘娟有精神问题、没有能力抚养两个孩子。很明显，这不是医学问题或精神问题，而是双方的利益之争。

李湘想就财产权益问题试探蔡坤："从法律上来说，蔡总你们婚后的共同财产，您太太是可以合法分得一半权益的。对于这点您怎么看呢？"蔡坤气愤地拿出他们签订的婚前财产协议给李湘看。李湘依照我预先给她看过的质证意见，逐一分析给蔡坤听。他很不耐烦："我不管什么法律不法律。财产是我一个人苦苦奋斗赚来的。这么多年，刘娟和两个孩子都是我一个人养的。刘娟作为全职太太凭什么分我的钱？再说了，我们婚前已经签了协议，我没有理由要分给她。"

李湘想试试调解和好的可能："我会尽可能帮助你们和

好，因为我们的合同包括了调解和好的服务。现在是您想挽回太太，那您需要示弱和示好，不能再像以前那样贬损太太和她的家人。您还需要对太太感受到的家暴真诚认错。您是否主观上故意家暴她不重要，太太的感受最重要。她既然说感受到您家暴她，您就得尊重她的感受，以后不要再有这类行为。"

李湘最后提议蔡坤和刘娟一起去中立的第三方精神心理咨询机构，让专家以非正式的方式居中判断刘娟有没有精神问题。蔡坤确认李湘愿意帮他以家庭心理治疗为由说服刘娟和他一起做心理咨询后，心情大好，在结束时对李湘很礼貌热情。

为什么要找中立第三方机构？

蔡坤离开后，李湘和我说："蔡坤没有精神问题，想挽回刘娟的心意看上去情真意切。他们两人就继子扇耳光、姐姐骂岳父、撕英语书这些事实没有相同的认知；对于四次严重家暴，蔡坤认为根本算不上家暴。他们俩中间肯定有人说谎。蔡坤想借第三方机构诊断刘娟有精神问题，我想说服刘娟同意一同前往。一来也许对刘娟的抚养权争取有帮助，二来在专业的咨询师帮助下，也许他们能对彼此有新的认知，双方有机会和好。"我同意李湘的观点。

李湘成功说服刘娟和蔡坤一起去第三方机构做心理精神诊断。但又一次出乎我们的意料。

第二天下午，李湘陪刘娟到蔡坤约好的心理咨询机构。蔡坤提前一小时发信息给李湘说他已经到了。李湘通过信息提醒蔡坤："见面是本着调解和好、解决问题的目的，有两点建议：1.双方都要控制情绪，不能使用抱怨或指责的语言让彼此反感，让沟通熄火；2.请不要不断发信息给所有相关方。我能理解您是在表达情绪，但当事人不一定能理解。当您想传达的信息，对方不愿意或拒绝接受，这样不只沟通无效，双方还会产生反感和理解认知偏差。"蔡坤回复："明白。"

等待进入咨询室的10分钟，是刘娟与蔡坤分居一个多月后的首次见面。蔡坤满脸温柔地盯着刘娟看。刘娟有点不知所措，假装上洗手间躲避蔡坤。李湘再次提醒蔡坤："咨询过程中，你们千万不要再引起冲突。您不要再去贬低刘娟或她家人。要主动示好，这样才有求和的机会。"蔡坤连连说好。

刘娟刚回到座位，工作人员就带他们俩进了咨询室。

李湘在外面等了80分钟，终于听到开门声。刘娟冲在前头，脸色难看。蔡坤红着脸紧跟。李湘看情况不大对，赶紧护着刘娟快速走出咨询中心。回到车上，李湘才知道蔡坤在咨询室对刘娟一通指责，还贬损她家人。他想向咨询师证明自己没有问题，一切都是刘娟的错，是她的家人指使刘娟和他离婚分家产。

咨询师说他们俩都没有精神病。咨询师说刘娟："你老公长得帅又有钱，虽然比你大15岁，但随时可以找到比你年轻漂亮的女人。你现在40岁了，离婚是为了什么呢？如果你觉得财产没有保障，男方将几百万放你的账上由你支配，行不行？"刘娟认为咨询师偏袒蔡坤。李湘解释："这只是咨询师引导发问的方式，通过提问题，让你思考为什么要做离婚的选择。"

刘娟补充："不过咨询师也说了，有没有家暴，不能以男方说的为准，应该以我的感受为前提。"李湘问道："咨询师还是很客观的。你现在对咨询师提的这两个问题怎么看呢？"刘娟很后悔来这里和蔡坤一起咨询，坚定地说："我一定要离婚，离开这个阴险的男人。不管他用什么手段，哪怕把我弄到坐牢，我都要离掉这个婚……"李湘还想劝和，被刘娟打断了。李湘就不再多说了。

李湘的介入谈判和调解和好虽然失败了，但第三方诊断打消了蔡坤认定刘娟有精神病的担忧。蔡坤后来无论在法庭上，还是对刘娟的信息轰炸里，基本不再攻击刘娟有精神和心理问题。

第三天早上，李湘收到蔡坤的四条长信息，他希望李湘能继续劝和。李湘回复："蔡坤，昨天我们分开后，我和您太太聊到晚上九点钟才结束。前天和昨天，我都一再提醒您不要再使用攻击性语言。但您昨天在咨询机构还在攻击她和她的家人……咨询师认为你们都没有精神问题……我这边已经尽力了。刘女士的离婚意愿很坚决，我只能尊重她的决定。请您理解！您认为你们的婚姻很好，但刘女士却认为在水深火热中。我们都应该尊重她的感受与决定。您需要思考的是，为什么双方认知差距大到无法调和？如果您真的想要挽救婚姻，有些话是不能一再提起的。如果您需要下一步调解离婚，可以下周工作日约我某个时间面谈。"

因为李湘从调解和好转为调解离婚的介入，蔡坤彻底翻脸。他质疑李湘："我怀疑你是冒牌的心理咨询师！你有没有资格证？你作为资深调解员的立场和专业性体现在哪里？"

李湘短信回复他："您有没有想过，为什么刘女士执意离开？我不能帮她做决定。您如果想我介入调解，可以约工作日面谈。"

蔡坤恢复充满攻击性的语气："你们为了自己的利益，拆散一对是一对。你们会遭报应的！你们没有职业道德，利用和欺骗我太太的善良，让她变得很坏。你们不榨干她的钱财，不把她送进监狱，是不会善罢甘休的吧！"

李湘试图把他引回协议离婚的议题，蔡坤听不进去。他的短信里出现了三天前第一次见李湘的用词："你们欺骗她，对她进行所谓的心理辅导，你有资格证吗？我要起诉你，你很快会收到传票！老子就没想和你沟通，只想骂你这狗日的破坏别人家庭！"

短短的三天，蔡坤从一见面就质疑李湘的专业性，到调解和好时的热忱、低姿态，再到李湘提出调解离婚后恢复不信任甚至攻击的状态。李湘说，这是她做调解工作以来情绪变得最快的一位客户。重新分析蔡坤与刘娟在重要事件上没有相同认知的深层原因，我们认定其中一方通过说谎开启了自我保护机制，基于蔡坤的情绪多变，同时考虑刘娟与我们相处时产生的信任关系，我们倾向认为是蔡坤在说谎。

虽然刘娟和她家人不厌其烦地对我们说蔡坤的种种"精

神问题",和蔡坤数次交锋后,我们总体判断对方并无精神问题。蔡坤应该是典型的表演型人格,喜怒无常、态度反复,表现得比刘娟更知道她原生家庭的真相和她的精神问题,比心理咨询师更懂得分析心理和精神问题的成因,比律师更懂得打官司——他确实赢过不少经济纠纷案件。从自利的角度尝试理解,可以发现他这些看似矛盾的行为,在他的逻辑世界非常自洽。他在离婚纠纷中的利益目标非常清晰,他想要刘娟本人和所有利益重新回到他的绝对掌控中,离间刘娟与身边所有人的信任关系,只是其中一种手段。

我判断他一定不会同意离婚。刘娟很激动:"我死都要把婚离了,更不要说像蔡坤说的要去坐牢!"

06
最容易得到法院采纳的家暴证据

我们唯一能争取一次起诉就判决离婚的着力点是"家庭暴力"。但刘娟比较被动,没有任何家暴的直接证据。

最容易得到法院采纳的家暴证据是三大件:报警后的笔录证据,当天的就医记录,对方自认打人的悔过书、保证书或录音、聊天记录。近年,手机录音录像和家庭监控摄像普及,诉讼中偶见仅仅依靠恰巧录到的录音、录像证据可以被认定构成家庭暴力的证据。

刘娟看似有上述种类的证据,但全是间接证据。

比如报警记录。我们在起诉状里列的第一次和第四次严重家暴,虽然刘娟本人有报警,但她没有要求警察对双方分别做笔录,也没有要求警察对施暴者开具《家庭暴力告诫书》。

很多人以为,发生家暴后只要报警和拿到报警回执就万事大吉了。目前全国公安机关对家暴警情的处理非常不统一。哪怕是在大家公认法治水平和政府部门服务意识比较高的珠三角地区,我经手的案件中,派出所对家暴报警冷处理或不处理的现象也比比皆是。一线民警认为警察难断家务事,能不介入尽量不介入。这导致受害者起诉到法院后根据报警回执申请调取该报警处置的相关档案资料时一无所获——当初出警部门根本没有做任何调查笔录和相关证据的收集、固定。

受害者遭家暴报警后,应该向接警的警务人员详细反映情况,要求其当即接收、收集和固定证据,诸如调取、封存监控摄像记录,现场损坏情况拍照,督促其第一时间对涉案双方当事人做笔录并在笔录上签名,启动验伤程序,要求根据《中华人民共和国反家庭暴力法》(以下简称《反家庭暴力法》)的规定出具《家庭暴力告诫书》等。

公民有权利要求警方采取上述措施保护自己。但在我主办的涉家暴离婚案件中,几乎没有受害者懂得和坚持这么做。哪怕有律师的讲解和指导,绝大多数当事人也没有与警方交涉和周旋的勇气。

家暴成为越来越严重的社会问题,国家意识到反家暴的制度改革迫在眉睫。有媒体报道,浙江省正在推动家暴警情单列的改革，把家暴警情处置从一般报警案件中独立出来，完善家暴的报警处理程序。希望这项改革能尽快在全国范围内推行，解决目前家暴报警存在的突出问题。在没有实质性改善之前，受害者必须尽力推动自己的个案获得公安机关的重视，争取公权力的帮助。

对于刘娟的涉家暴离婚纠纷案，我们申请法院依据两次报警回执去派出所调取家暴证据。法院的书记员电话回复说，派出所口头答复没有相关笔录档案。刘娟提供的照片和视频因为没有拍到打人的影像，也只能归为间接证据。

刘娟在报警问题上的处理欠佳，是不是意味着案件满盘皆输？

我转从刘娟被打伤的证据和施暴者本人的自认证据这两个思路入手。我把刘娟叫来办公室，和团队成员一起食宿，昼夜奋战了几天。我们把四次家暴相关的照片、视频、微信聊天记录、报警回执和微信朋友圈记录等资料全部整理出来，形成证据清单：

序号	名称	证明内容	页序
第二十八组证据	第一次严重家暴照片（原始照片复制版见光盘）	证明： 2020年8月20日晚，被告蔡坤对原告刘娟实施的严重家暴行为，导致原告刘娟的锁骨处红肿、腋下勒伤、胳膊拽伤、胸前数道深红抓痕、小臂严重瘀红。（照片拍摄于2020年8月21日凌晨1点前后，拍摄时间可鉴定原始照片。）	1至10
	第一次严重家暴视频（第一段和第二段）文字说明（原始视频复制版见光盘）	证明： 1. 2020年8月20日晚，原被告双方发生严重冲突，被告蔡坤对原告刘娟实施的严重家暴行为，导致原告刘娟的锁骨处红肿、腋下勒伤、胳膊拽伤、胸前数道深红抓痕、小臂严重瘀红。 2. 被告在实施家暴行为后，仍对原告不断辱骂"王八蛋""去死"。	11至13
	第一次严重家暴相关微信聊天记录	证明： 1. 原被告双方于2020年8月20日晚发生严重冲突。 2. 被告承认拍打原告，微信上辱骂原告"王八蛋""畜生""扯鸡巴蛋""虚荣、势利、自以为是"等，无端怀疑原告不忠。 3. 原告在微信中多处控诉被告存在多次家暴行为。	14至17
	第一次严重家暴病历	证明原告刘娟被家暴后第二天去医院就医，被诊断为左上臂、左肩软组织挫伤。	18
	第一次严重家暴报警回执（与证据二相同）	证明原告刘娟被家暴后第二天报警求助。	19
	其他严重家暴证据（含第一、二、四次）	证明原告刘娟被多次家暴后，身心受到极大伤害。	20至22

（续表）

序号	名称	证明内容	页序
第二十九组证据	第二次严重家暴相关聊天记录	证明： 1. 2021年2月4日晚，原被告双方发生严重冲突，被告在发生冲突前在微信上以死相威胁。 2. 发生冲突后被告承认"有些冲动""给孩子造成不好影响"。 3. 原告在聊天记录中多处控诉被告多次家暴，但被告闪烁其词、拒不承认。	23至28
第三十组证据	第三次严重家暴照片（原始照片复制版见光盘）	证明： 原告因被告的家庭暴力行为致胸口严重受伤瘀青。	29
	第三次严重家暴视频文字说明（原始视频复制版见光盘）	证明： 2021年6月3日晚，原被告双方发生严重冲突，被告反复辱骂原告及其母亲"婊子""妈了个逼""猪样的""我操你妈""黄眼狼畜生""去做鸡"等。	30至33
	第三次严重家暴相关微信聊天记录	证明： 发生严重家暴后第二天，被告承认前一天晚上存在严重冲突，但仅承认以"恶毒的言语"伤人。	34
第三十一组证据	第四次严重家暴照片（原始照片复制版见光盘）	证明： 被告掐脖子的致命家暴行为，给原告造成了脖子上深长的抓、掐痕，脖子红肿，下颌受伤。	35至38
	第四次严重家暴报警后签订的治安调解协议书（与证据三相同）	证明： 2021年6月3日、7日，被告对原告实施了家暴，公安机关对被告向原告实施家暴的纠纷进行了治安调解处理。	39至40
	第四次严重家暴微信相关聊天记录	证明： 1. 原告在微信中多处控诉被告对其实施的家暴。 2. 被告百般抵赖后有限度地承认有掐脖子动作，但不真诚，最后在原告要求下虽写下承认掐脖子致命家暴的悔过书，但不肯交出原件。 3. 被告通过辱骂、污蔑原告"不如妓女""被之前的男人强暴过"，并威胁原告"触犯刑法""一无所有"，来实现对原告的人身攻击和精神控制。	41至52

刘娟在最后一次家暴发生后找我们，才意识到被告自认家暴行为的悔过书或保证书是最容易得到法官采信的家暴证据之一。蔡坤收到起诉状前，我指导刘娟和蔡坤微信沟通，让他自己手写一份悔过书，拍照发给刘娟。但蔡坤非常警觉，刘娟索要原件时，蔡坤不肯交出。很可惜，这导致最后我方的这一有力证据被法官忽视。

列举家暴证据清单的意图是，虽然我们没有直接证据，但间接证据之间能相互印证，形成证据链，足以证明双方发生了严重的暴力冲突，且蔡坤对刘娟实施家暴是极有可能发生了的。

这在证据学上叫"高度盖然性"的证明标准，即不需要证明事件是一定发生了的。比如在本案中，蔡坤在法庭上辩解这些伤情不排除是刘娟自伤的。我方现有的这些证据不能绝对排除刘娟自伤的可能性。但法律不能如此苛求受害者。我方现有的证据足以证明暴力冲突发生的高度可能性，和刘娟自伤自残、自导自演的极小可能性。法官应该认定我方达到了证明标准，从而认定存在家暴的事实。

但高度盖然性的证明标准目前只停留在证据学的理论层面。在司法实践中，法官理论水平参差不齐，适用的尺度和程度不一。我们只能暗暗期望能遇到判决大胆、业务水平高的法官。

按照"间接证据形成相互印证"的证明方法，穷尽所有手段准备家暴证据清单后，我松了一口气，心里的把握大了一些。

我们双方都向法院申请调取对方名下银行卡的交易流水明细。法院人手不足，无法在开庭日前完成调取工作。原定的开庭日期取消，重新排期后推迟了一个半月。

07
虚开增值税发票，
最高可判十年以上有期徒刑

不出所料，在这期间，蔡坤接连使出的招数让刘娟疲于应对。

距离新的开庭时间还有一个月，刘娟陆续接到以前她负责对接的几个工厂供货商的电话，说他们被派出所传唤，要求交代刘娟经手的几笔交易的打款去向。这些交易牵涉增值税发票虚开的问题。刘娟还收到蔡坤的信息，指责她侵吞工厂货款不入账和增值税发票虚开的问题，威胁要送她去吃牢饭。刘娟寝食难安，在刘强和弟媳的陪同下找我商量对策。

这是我第一次和唯一一次见到刘强，一个壮实的小伙子，头脑异常清晰。他创业的小吃店小有规模，在深圳开了第三家分店。

侵吞企业资产和虚开发票，已经超出离婚案本身，属于刑事辩护业务范畴。这是我硕士研究生修读的专业，我也曾给亲友做过几个刑事案件，可以凭这些积累免费给刘娟分析。

我仔细了解了他们工厂和供货商的交易细节，给姐弟二人当场吃下定心丸：蔡坤的工厂是个人独资企业，刘娟不会构成职务侵占罪。

蔡坤工厂注册的是"个人独资企业"，而非"公司"。个人独资企业在财产、责任和人格方面是家企不分的，即蔡坤工厂的财产直接等同于投资者蔡坤的财产。工厂的财产是夫妻两人共同经营创造的，所以属于夫妻共同财产。对工厂的经营资金和利润收益，刘娟和蔡坤享有平等的处理权，根本不存在侵吞企业资产这一说。

如果工厂注册为"公司"，刘娟会很危险，有可能构成职务侵占罪。法律保护公司的法人地位，公司的财产属于公司，而不是归股东所有。哪怕是大股东本人，如果没有得到授权就非法占有公司财产、侵害其他小股东的利益，也可能构成职务侵占罪，更别说是股东的妻子了。

刘娟觉得庆幸，但还是疑惑，把蔡坤新发的信息给我看。蔡坤把百度上找到的"职务侵占罪构成要件"内容截图发给她，上面说"只要非法占有企业的资产就构成职务侵占罪"。他进一步恐吓刘娟说："个人独资企业也是企业，也会构成这个罪。你的狗屁律师会把你害死！"我哑然失笑，想不明白蔡坤这个时候为什么还拿网上随手搜来的内容质疑我这个刑事诉讼法硕士毕业的律师。直到最后故事发生反转，我才彻底明白，诉讼过程中他的一招一式如何一点点起作用，让结果如他所愿。

虚开增值税发票是重罪。蔡坤的工厂确实存在经刘娟之手买票抵扣成本的问题，金额还不小，一旦被查处，够得上十年以上的有期徒刑。

这是不少私营企业的普遍问题。深圳对私企比较宽容，不会运动式、扫荡式进行税收执法。但如果有虚开发票的具体线索或证据被投诉到税务局或公安机关的经济犯罪侦查机构，就一定会面临被查处。

蔡坤会不会主动举报呢？我认为不会。工厂的法定代表人是蔡坤本人，刘娟虽然是财务，但她代表工厂的职务行为是经过负责人蔡坤本人授权的，法律后果也主要由法定代表人和负责人承担。如果蔡坤主动揭发工厂虚开增值税发票的问题，他本人会首当其冲，面临税收犯罪的惩罚。

蔡坤在微信里说自己对买发票抵扣成本的所有细节不知情、没有参与，是刘娟个人决定和实施的。这样的说辞无法成立，否则所有的单位犯罪，领导都可以逍遥法外，抓下属顶包即可。

我笃定蔡坤也懂这些法理，不至于鲁莽到要玉石俱焚。

刘娟姐弟俩放心了。为了做好最坏的打算，他们进一步问我万一刘娟被抓进去的安排。我建议刘娟给我签授权委托书，委托我做她的刑事辩护律师。一旦她出事，我可以第一时间以辩护律师的身份去看守所会见她。在刘娟签授权委托书时，刘强一直拍姐姐的肩膀安慰她不会有事，承诺如果她出事，他会帮着养两个孩子。我看着他们，鼻子发酸。

蔡坤发动他过去十几年与公安机关打交道的资源，让刘娟多次被传唤到派出所接受调查。警察们始终围绕货款去向询问，没有涉及虚开发票的问题。刘娟在一次次车轮式盘问中化险为夷。

这证明我的判断是对的。蔡坤只是想借助刑事控告的手段达到收集夫妻共同财产线索的目的，同时，在开庭前极限施压，让刘娟明白在重大利益面前休想轻易得逞，应该及时知难而退。

每晚失眠的刘娟，顶着即将来临的开庭和不断被警察传唤的双重压力，根本无法在家做开庭前的证据质证意见起草等准备工作。我提议她可以每天来我们的办公室，大家并肩作战，沟通也方便些。她欣然接受。

李湘一直很关注刘娟的情绪，给她做心理疏导。刘娟敞开心扉，讲了自己的成长经历和家庭故事。从生活了十二年的蔡家逃出来，刘娟租了房子。两个读小学的孩子上的是寄宿学校，刘娟周末接他们回家。起初，蔡坤和她在校门口争抢孩子。刘娟把孩子让给蔡坤接到蔡家过周末，但他被孩子嫌弃。现在，两个孩子只愿意跟着妈妈过周末。她和大多数全职太太一样迷茫和焦虑，不知道自己接下来的人生该何去何从。

和我们每天朝夕相处、共同推进案件，她观察着我们处理的一桩桩婚恋纠纷里的人生百态。我们有空也会和她交流办其他婚恋案件的感想。她对团队里实习律师的工作很羡慕。

我很惊讶："你和你丈夫合起来亿万身家，是中国最顶端的富人阶层。这个婚离完，你少说能分到两三千万，一辈子衣食无忧。为什么你会羡慕一份工资几千块的工作呢？"

刘娟真诚地说:"我一点都不觉得生活在所谓的豪门有什么高贵的。过去十二年的婚姻,我完全被困在家庭和工厂里,每天奔忙在孩子的吃喝拉撒、家里的柴米油盐和工厂的鸡零狗碎中。我感觉自己是丈夫的一枚棋子,被呼来喝去,完全没有自我,更没有安全感。所以我拼命买保险,不敢让蔡坤知道。我时时刻刻背负着这些秘密,生活在对他的喜怒无常的恐惧里,没完没了。这场离婚官司经历到现在,我觉得那些钱只是个数字,哪怕自己争取到了,也解决不了'自己该做什么'的问题。我真的很羡慕你律师团队里的每一个人,大家都知道自己每天在干什么,很清楚自己每天追寻的意义。我现在每晚都很难入睡,第二天早上醒来也不知道新的一天要怎么过。"

我打趣道:"你如果对我们的工作感兴趣,可以考过法考后做律师,加入我们团队啊!"她眼睛发亮,小心翼翼地向我们打听具体的报考条件和备考细节。

我的提议一开始有半开玩笑的成分,但后来仔细想想,刘娟确实很适合加入我们团队。她整理案件证据非常细心,一一收集和梳理上千页的银行流水、合同等资料。她思路清晰、理解力强,我们的要求一听就懂,执行效率很高,胜过很多法学院的本科毕业生。她性格成熟、情绪稳定,有十几年工作经验。最重要的一点是,我们团队以女性客户为主,刘娟的亲身经历和离婚纠纷会让她很容易理解我们团队的使命,帮助像她这样的女性走出失败的婚姻,找到自己的独立与尊严,重新规划自己的人生。

她很喜欢和我们在一起，精神状态也一天天好起来。我们希望她能发自内心爱上律师这份职业。我和李湘私下感慨这是一种奇妙的缘分，憧憬着能看到刘娟从自己的离婚纠纷中解脱，未来成为一位律师。

08
恶意投诉原告方律师

第一次开庭距离和刘娟初次见面刚好五个月。

我们当庭提交了对被告蔡坤证据的质证意见和夫妻共同财产清单。蔡坤请的一位律师当庭提交了书面的答辩状和数百页新证据，大多数是银行对公账户的交易流水。

蔡坤的答辩状有11页，第一句就是"不同意离婚"。答辩状内容和他每天发给刘娟的微信信息一样，指责刘娟嫁给他这十二年就是一场以窃取财产为目的的婚姻诈骗，他有《婚前财产协议书》的原件能够证明双方约定财产都是他的。

法官问他答辩状上的"不同意离婚"是不是他当下的意见，并要求他当庭签名确认。

法官也问了原告刘娟能不能和好。刘娟当庭说："我被家暴了好几次，感觉自己的人身安全没有保障，不可能和好。"

法官向双方核实各自提交的证据和夫妻共同财产清单上的财产后说，本案的夫妻共同财产很多，证据也很多，为了提高庭审效率，要求双方庭后7个工作日内提交对对方证据的书面质证意见和各自名下银行卡的余额信息。法官草草宣布休庭，整个庭审不超过半个小时。

刘娟有点蒙，我也觉得有点奇怪。回去的路上，我向刘娟分析：蔡坤当庭提交了这么多新证据，我们不能当庭发表质证意见，留待下次集中审理、一次性审完，可以提高庭审效率，法官的安排也没错。

法官退庭后，蔡坤指着我骂："你这个律师睁眼说瞎话。你精神控制我老婆，和她合谋我家财产。我要去告你！"

我做律师多年从来没遇到过这种局面。虽然之前研究过蔡坤的表演型人格，但当时我还是上了当，高声回他："我等着你告！"话毕，我有些后悔自己没有保持理性和冷静。现在回想，这个案子自己办得太投入了，确实存在值得检讨的地方。

我们陷入了漫长的等待中，两个月里一直没等来第二次开庭的通知。

按照法官的指示，我们迅速完成资料的整理，寄给法官。我之前有一个案子经本案这位胡姓法官之手，最后调解结案。我对她印象不错，以为她会好好审理本案，于是一厢情愿地预测她会把主要精力放在夫妻共同财产的厘清上，所以休庭让我们充分准备有关财产的清单、质证意见和补充证据。

刘娟有点急躁，问我有没有办法让法官加快排期。我建议她可以每个星期打电话给法官，一般是由书记员接听，每次讲一个希望得到第二次开庭消息的理由，比如：孩子快放寒假了，不知道开庭时间，就不能安排外出旅行；或者她准备过年买回老家的票，要先确定开庭时间。她每次都被书记员数落一通，说有消息会主动通知，不要再打电话问。

年底是法院最忙的时候，法院上下都在抓紧时间结案。法官会像做高考试题一样，往往选择"先易后难"：先处理大多数简单案件，快速结案，年底绩效和相应的奖金就有保障了；复杂疑难的"硬骨头"案件留着慢慢啃。刘娟的离婚案显然属于后者，光我们原告方提交的证据就有六批、几百页的材料。

刘娟说她决定走法律职业之路，开始备考法律职业资格考试了。她意识到自己的人生不应该等案件结束再重新开始，干等遥遥无期的审判排期和结果是一件很傻的事。她备考的消息一传开，我们整个团队都沸腾了，大家都想看到她能够从十二年的婚姻阴影中走出来，活出传奇。这就像奥斯卡最佳影片才有的故事情节，我们将会是见证人。大家都很兴奋。

刘娟后来的表现出乎意料。

一天，我接到她的紧急电话，说蔡坤的腰椎老毛病又犯了，已安排住院，蔡坤手术前想见见孩子，蔡坤的姐姐发信息让她照顾蔡坤。刘娟问我能不能去，我明确回应："如果你在正要第二次开庭的节骨眼儿去的话，以我们对蔡坤的了解，他一定会留下证据并告诉法官。法官很可能据此认为你们的感情没有完全破裂。"

刘娟不死心地说："我想带孩子去看看他。刘律师，你同意吗？"我在电话这头哭笑不得："你听从自己的内心吧。法律上的利害关系已经和你讲了，怎么决定需要你自己权衡。"

紧接着，我收到了广州市律师协会对我的立案通知，案由是蔡坤投诉我"误导蒙骗当事人，哄骗其离婚"。我告诉刘娟，接下来我要准备写个人报告回应蔡坤的投诉，到时需要她提供一份情况说明。

过了几天，我收到刘娟深夜发的信息，她说蔡坤的姐姐发信息说蔡坤的手术失败了，现在下半身已经没知觉，正在联系转院，不知道转到哪家医院好。她又一次问我她该怎么办。我再次提醒她利弊所在。

刘娟后来有没有去看蔡坤？我刻意让自己屏蔽这样的信息，不让自己过分关心。除了将要接受审查的压力，我怕自己对刘娟的失望会影响她的决策。

这是我做律师这么多年来第一次被投诉。看到律所主任转给我的蔡坤投诉信，我哭笑不得——

投诉内容：

投诉人蔡坤与其妻刘娟存在离婚纠纷。投诉人蔡坤认为刘娟自从向刘胜飞咨询后就被洗脑，执意要求离婚。根据刘娟的聊天记录，投诉人推断：1.律师教唆刘娟"制造"投诉人家暴证据；2."迎合"委托人，污蔑投诉人存在精神病；3.忽视重要证据和事实，以维护当事人权益为名，榨取当事人钱财；4.误导蒙骗当事人，哄骗其离婚。另，投诉人还认为刘胜飞律师捏造事实，主观臆断，滥发律师函，严重扰乱了其生活及生产经营，造成了名誉及经济损失。

蔡坤是我当事人的对立方,他投诉我其实等于给我送锦旗。律师在维护自己客户权益的同时,一定会得罪对方当事人。如果对方当事人对律师的所有投诉都能成立,律师这个职业就可以消失了。

根据程序,我对这份投诉写了个人报告:

关于投诉人蔡坤投诉报告人刘胜飞涉嫌违规一案,报告人对投诉内容做如下报告:

一、客户刘娟与投诉人蔡坤离婚纠纷一案(以下简称"代理案件"),客户刘娟与广东方则理律师事务所(以下简称"律所")于2021年6月16日签订《诉讼专项法律服务委托协议》(以下简称"委托协议"),并于当天根据委托协议约定,通过向律所对公账户银行转账方式,支付了××万元律师费,律所为其开具了足额发票。在收案及其前后全过程,律所及作为主办律师的报告人没有任何违规行为。

二、收案后,代理案件由报告人担任主办律师,作为原告诉讼代理人,一直尽心尽责为客户刘娟提供诉讼代理服务,在法律规定的范围内为客户刘娟争取权益最大化,在履行代理律师职责过程中的代理行为,得到客户刘娟的充分授权,没有任何违规;投诉人作为代理案件的对方当事人,即便认为报告人根据委托权限所从事的代理行为损害了其权益,这些代理行为的法律后果亦应由委托人承担,而不应归责到没有任何执业违规行为的代理律师。

三、代理案件已于2021年7月7日在××市××区人民法院立案,于2021年11月11日第一次开庭,现在,代理案件正处于双方进一步举证、质证的关键时期。身为代理案件被告方的投诉人,其此次恶意投诉的真正目的,是消耗作为原告方代理律师的报告人,不正当地影响代理案件的正常代理工作。

四、投诉人系代理案件的对方当事人,与报告人的客户刘娟在代理案件中是对立关系,投诉人在没有任何事实和证据的情况下,无端推断"、恶意投诉,是滥用投诉权利、钻投诉机制漏洞的行为,损害了报告人的职业声誉,干扰报告人依法履行律师职责,其牵制我方客户刘娟及代理律师时间精力的意图再明显不过了,请广州律协为正常履行代理律师职责的会员提供应有的保护,让律师会员们能免受代理案件对方当事人显而易见的恶意投诉之累,为律师会员依法履行律师职责创造良好的执业环境。报告人保留向投诉人追究其恶意投诉行为导致报告人及所在律所名誉和利益受到损害的法律责任。

……

蔡坤给广州市律师协会写信投诉我,其实对我是没有任何影响的。这对律师协会和我来说都是例行公事,体现我们对公众投诉和监管机制的尊重和重视罢了。

蔡坤在投诉信中对我的推断属于他个人的臆想,我没有义务澄清。我只对当事人刘娟负责。她是我的客户,有资格评判我。她的投诉,我才有回应的义务。

蔡坤收到投诉立案通知后马上拍照发给刘娟:"你何必听信你的律师。我肯定会让他们付出代价的!"蔡坤的投诉不一定冲着我。他非常清楚,他的妻子,一个和社会脱节了十二年的女人,对投诉机制完全不了解,看到"立案"二字可能会有什么心理反应。

等待第二次开庭通知期间，蔡坤的公务员妹妹在老家遇到刘娟的妈妈，两人爆发了激烈的口角冲突。刘娟 60 多岁的老母亲被对方骂得差点心脏病发作，两人几乎打起来。我让刘娟再次打电话给法官，催促尽快开庭。

第二次开庭距离第一次足足过去了 71 天。更令人不安的是，第二次开庭也只持续了半小时。

法官警告原被告双方及其家人要冷静，法庭以外的一切冲突后果自负。她询问蔡坤，不愿意离婚的话，有什么改善夫妻关系的措施。蔡坤再次喋喋不休地指责刘娟在婚姻中的种种不是，被法官打断。法官转而询问刘娟是不是一定要离婚。刘娟再次表达了"一定要离婚"的决心。法官让她再好好想想，庭后如果有什么要说的可以给她写信。庭审就这样草草结束了。

我问法官是不是还要安排下次开庭，法官没有正面回答。以我的经验，这意味着法官已经决定，本案要判决不准予离婚了。

没有双方举证、质证的法庭调查环节，没有就我方控诉的四次家暴进行详细询问的法官发问环节。法官没有总结争议焦点，没有让双方律师法庭辩论，也没有最后总结发言。完整的庭审该有的环节全部省略。这基本是我办过最走过场的庭审了。

一线城市的法官很不容易，每年平均分摊的案件近 700 起。这意味着法官们几乎全年无休，平均每天要处理两个案子。我这个案子开庭半个小时似乎情有可原。

但谁来理解我的当事人呢？这意味着，刘娟要等待至少一年再提起诉讼，且需有充足的证据证明这一年夫妻处于持续不间断的分居状态，才能确保离婚。这一年时间足够对方用来转移财产了。这一年里的原告的财产风险和人身风险责任，谁来承担？

回来的路上，我很不甘心。我和刘娟分析了目前的形势，建议她如果真的想离婚，可以最后一搏，试试以她本人的名义和口吻写信，直接寄给法官。我知道这样做只是聊胜于无，结果已经没有悬念。

我在接案初反复给刘娟打了足够多的"预防针"，告诉她现有的家暴证据都是间接证据，如果家暴认定不了，按过往的统计数据，90%以上的第一次离婚诉讼都会判不准予离婚。所以她看起来倒没有我激动，还安慰我："也许法官不像你想的那样。也许还有希望。"

09
离婚案败诉后，
与其上诉不如二次起诉

等待判决书期间，我的哥哥和侄女考过了国家统一法律职业资格考试。我家收到铺天盖地的道贺信息。我把好消息告诉了刘娟："去年我哥和侄女都考过了，我家有三位律师了。

今年一定是你！到时我要把你算入我们家第四个过法考的人了！"我私心希望她能勇敢地活出自己。

年后，我们收到了判决书：判决不准予离婚。法官在判决书中对我提交的多达60页的家暴证据只有一句回应："原告的证据不足以证明被告家庭暴力的事实，故本院不认定原、被告的夫妻感情确已破裂。"

能不能上诉？上诉被驳回的概率十之八九，而且会直接导致一年分居时间的起算点推迟到上诉判决生效之日。所以，如果要离婚，通常律师的建议是不上诉，一审判决生效后六个月，直接第二次起诉。

我把判决结果发到群里。刘强第一时间回复，鼓励姐姐勇敢走下去："情理之外，意料之中！不过是拉长战线，那就让子弹再飞一会儿！"

我们邀请刘娟来办公室聊聊，她婉拒，说要自己一个人静静，想想要不要上诉、接下来怎么走。不久，我和李湘同时发现，刘娟的微信朋友圈屏蔽了我们，抖音上也找不到她。我很错愕，隐约感觉不对劲。

判决结果出来第三天，我接到刘强的电话：

刘律师，我想和您商量一下姐姐的事情。她的官司告一段落了，我们商量不上诉，一年后第二次起诉。我最近比较担心我姐的精神状态。这两天，我姐陪她女儿回去看奶奶，蔡坤借机和她聊了很多，应该是装作低声下气说了一些软话。我感觉姐姐现在内心动摇了。这段时间，她时不时想起以前和蔡坤在一起的甜蜜幸福。我很理解我姐，一个人租房子，24小时待在家里复习法考，精神没有其他寄托，很难不胡思乱想。

她太压抑了，甚至似乎有点抑郁。我怕她撑不了一年。我想和您商量，让你们团队招她做助理，白天您安排一些事情给她，晚上她备考。您明面上给她合理的工资，但这些钱我背地里给您。您就当提前收她做学徒。现在她婚离不离是次要，有你们在身边慢慢影响她，才有可能挺过这一年，不然迟早精神会出问题。

您说得对，毕竟是十几年的感情，她对蔡坤还是有幻想的。她想要重新独立地步入社会，面对全新的社会关系，但我觉得她精神上无处安放，本能地想退缩回原来的家庭生活里。我和我姐说蔡坤无可救药、老奸巨猾和以退为进。她打断我，让我不要再攻击姐夫，不然她会觉得自己找了一个这么差的老公，很有挫败感。

我姐这段时间租住在我楼上，和我们夫妻一起生活。我姐说自己很差劲，和弟媳差距很大，聊不到一起。其实这是她乱想，我们夫妻只是因为在创业阶段忙着扩张分店，每个星期没有太多空闲时间陪她、和她长时间聊天。她一个人看法律书，可能受不了这份孤独。

我只能想到您了。我们认识这么久，您看能不能作为朋友帮我这个忙呢？但背后的这些，您不能告诉她。看在这官司也关乎您的职业利益的份上，我想冒昧请您帮这个忙。您看可以吗？

我没有给刘强明确的答复，说需要考虑并和李湘商量。我很纠结，如果这是一个法律难题，我可以短时间内找到最优解，但眼前的这个难题，我不知如何是好，只能选择逃避，全盘交给李湘处理。

李湘和刘强通了很长时间的电话：

你姐姐的人生要让她自己做主。她这十二年的生活形成了惯性，一切听从蔡坤。我们局外人觉得不正常，但她可能觉得没什么，甚至认为回去也不会比现在自己一个人在外面差。我们帮她做决策是不对的。她现在背负几重包袱，一是蔡坤和孩子这边，虽然蔡坤时常让她失望，她对蔡坤依然有期待，毕竟他是孩子的父亲；二是娘家人这边，你们希望她走出这段婚姻，于是她不敢回到蔡坤的怀抱，这意味着背叛娘家人。如果我们现在说希望你姐来我们团队，她可能多了第三重负担，要听刘律师怎么说，否则好像辜负了我们。她左右为难，自己的婚姻和生活好像是其他人决定的。你姐姐很善良，她不想身边的任何人不如意。

如果我们希望她的状态好起来，蔡坤那边的压力我们无法左右，但你作为弟弟，我们作为朋友和代理律师，能不能不要给她压力？我们这边没关系的，案件结束就结束了，以后做朋友就好了，这个业务关系完全可以就此结束，原来约定的风险代理律师费我们也可以舍弃。我会建议你们给她一些空间，这是她自己的人生，只有自己思考和做选择，才能对自己完全负起责任。

和她相处的这些日子，表面上她很坚强，让人看上去很放心，实际上她的内心可能非常脆弱。

过去几个月，在婚姻中受伤，她找你们，听你们说要打这个官司；找刘律师，帮她分析利益分配的可能性。她没有静下来想过自己的生活要过成什么样，是不是做了律师才是有价值的人。自主思考，自主选择，为自己的每一步承担责任，这是她的必经过程。经历了这些，她才能真正独当一面、自重自爱。

刘强最终选择给刘娟松绑，让她自由选择。我们问刘娟怎么选择，刘强含糊地说："好像是说这几天准备搬回去和蔡坤住吧。"他的语气里充满痛苦和逃避。我们期望的选项，刘娟没有选。

10
律师不是心灵导师

刘娟案结束后，我马上开启其他案件，希望能快速抽离。我不愿意想象刘娟回蔡坤家后会有什么结局。假设我们听从刘强的建议，主动把她接纳为团队成员，是不是更好的选择？我突然疑惑：婚姻律师保持和客户之间的距离，到底是为了更好地帮助客户、遵守律师职业规范，还是律师出于保全自己的怯懦？有同行说，"婚姻律师不是上帝，不是身心灵全能导师"。不知道这句话是律师对自己无能为力之时的自我安慰，还是客观上成全了对方当事人后的自我逃避。我们期望刘娟的善良能感化蔡坤，两人的婚姻可以有好的转机。

刘娟发微信找过我一次，要了一份遗嘱的模板，没有说其他。

两个月后，律师协会的调查结论出来了："……律师函是应委托人刘娟要求，根据委托人提供的名单发出，目的是提醒相对方在刘娟与投诉人离婚一案诉讼中实施有损委托人刘娟合法利益的行为。现有证据不能证明律师函的内容存在捏造事实之处，因此，该项投诉不成立……本会经审查认为，委托人刘娟已出具情况说明，对投诉内容予以否定。现有证据不能证明刘胜飞律师及方则理所的工作人员存在教唆当事人努力制造家暴证据、污蔑另一方当事人等行为，因此，该项投诉不成立。"

我们不清楚刘娟和娘家人最近的关系和蔡坤对她的控制程度，怕直接和刘娟沟通调查结论会被蔡坤发现又引起冲突，所以请刘强在合适的时机转给刘娟。

在完稿的这天，我突然收到刘娟用新的微信号发来的信息："刘律师、李老师，晚上好！我的离婚官司判决书下来三个月了，一直没好好和你们进行沟通，实属有些不礼貌，抱歉！这三个月里，我自己冷静思考，决定回归家庭。非常感谢您和李老师去年对我的照顾和鼓励，我一直铭记在心。在我心中，您和李老师都是我很好的朋友，再次感谢。这次回归家庭，我完全与以前的工作分清界限，不再干预工厂任何事。我重新定位自己，找新的工作，让一切有新的开始。总结之前欠缺之处，保持一颗上进的心，往前走。衷心祝刘律师、李老师事业蒸蒸日上，家庭和睦美满！"

就像刘强给李湘发的最后一条信息说的："这不是终点。"

三、64.8万元，买来女儿的冠姓权

改姓氏的问题，不属于法院民事庭处理的权限范围，无法写入民事调解协议笔录和调解书中。即使父母双方约定孩子改姓，一方违约，另一方也无法通过法院诉讼来强制执行改姓或追究对方的违约责任。

01
离婚官司现场，
父亲没看女儿一眼

小芊，出生在一线城市城郊拆迁村的农村富裕家庭，从小和外公一起住，在繁华的城中心上学，认识的同学大部分都是中上阶层的孩子。"富二代"阿辉是小芊的高中同级同学，高二就去了新西兰留学。他们在高中时就相互有好感，直到小芊高考结束，考上了国内的大学，相隔8000多公里的两人才开始谈起跨国恋。阿辉每个月花数十个小时在国际航班上，飞回来和小芊约会。这样频繁飞越半个地球的空中飞人生活，在他们的热恋期持续了好几个月。

阿辉多次劝说小芊转学到国外。小芊被他的锲而不舍打动，在大学二年级时通过留学中介成功办理留学手续，到新西兰和阿辉过起了同居生活。

两人住在阿辉家人之前买的别墅里。他们虽然在同一座城市上学，但不在同一所学校。阿辉每天开车接送小芊上学。小芊每天给阿辉做饭，照顾他的生活起居。两人过着幸福的二人世界。

　　他们养了一只猫。小芊很喜欢猫，阿辉也爱屋及乌，一起用心照料。但正是这只小宠物，给他们带来了一次次冲突，也给他们的关系埋下了定时炸弹。

　　阿辉的父母是不允许家里养猫的，他们迷信地认为阿辉属鼠，两者相冲。阿辉父母从国内飞来团聚，阿辉和小芊说了个谎，骗他们猫是楼上租客养的。阿辉父母半信半疑。阿辉对自己的不诚实有些心慌意乱，在父母猫鼠相克的叮嘱与小芊的嗜猫如命之间，不知如何是好。

　　父母回国后，两人恢复了之前的亲密无间。但一次因琐事吵架，阿辉迁怒于猫，把它扔出家门，这让小芊很伤心。那时的小芊并没有多想，但多年后，她认为也许那次已经说明了阿辉并不会真心爱自己所爱，尤其是掺杂了阿辉家人的影响时。

　　阿辉意识到了事情的严重性，在他们大学毕业决定回国发展时，阿辉以实际行动向小芊表达了歉意：花了1.5万元人民币给猫买了一张托运的机票。

　　我们曾问小芊，假设两人当时留在新西兰发展，结局会不会不一样？小芊没有正面回答：阿辉似乎不太适应新西兰的气候环境，老是生病。在新西兰即便有社保，看病依然太难、太贵了，远没有国内一线城市的医疗服务性价比高。而在国内,阿辉家有丰富的人脉资源,一切都好办。留学签证到期后,如果想留下来工作,就要找到愿意聘请自己的雇主。如果欠缺语言能力和融入当地社会的其他能力,这些工作机会就只能花钱从华人开设的公司那里买,成本高,还都是地位不高的职位,甚至是假职位。这样坚持三年以上,才能换"绿卡"(外籍人口永久居住许可证)。对于一直在国内养尊处优的阿辉来说,这非常困难。人生没有假设,阿辉回国,回到自己的舒适区,似乎是他的必然选择。

托运回国的猫安顿在小芊家,交给小芊的父母照顾。小芊很自然地住进了阿辉家。但小芊与阿辉的大家庭相处得不太愉快。

阿辉家有很多位工作多年的住家保姆,地位很高,影响着阿辉父母对小芊的看法。保姆们对阿辉的未婚妻颇有微词。阿辉家的狗随地大小便,小芊每次都会第一时间要求阿辉亲自清理,而阿辉总是不太情愿。保姆们暗地里抱怨小芊不懂伺候阿辉。阿辉妈妈知道后十分不满,无法接受自己的宝贝儿子要干这种事情。类似的小矛盾慢慢累积,使得小芊与阿辉的家人关系紧张。相爱容易相处难,20 岁出头的小芊独自闯入男方的大家庭,每天都要面对身边所有人的巨大压力。

回国后第二年,小芊的忍耐已经到了极限。但她突然发现自己怀孕了。小芊在出国前曾经做过子宫囊肿切除手术,当时医生叮嘱她:一是要 25 岁之前生孩子,之后风险会很大;二是杜绝意外怀孕,否则人工流产后的不孕风险比常人会高数倍。小芊相信这是命运的安排,肚子里突如其来的小家伙是为了拯救她和阿辉的爱情，来暗示自己要克服眼前考验的。她决定勇敢地迎接小生命的到来，并希望慢慢帮助阿辉成熟和独立起来，摆脱原生家庭的控制。

小芊把怀孕的消息告诉阿辉，但他没有丝毫的惊喜，对她在肚子大起来之前拍婚纱照的请求也一推再推。小芊放下自尊，软硬兼施，一次次主动提议阿辉尽快领证摆酒，希望自己能有个正式的妻子身份。

确诊怀孕后的第三个月，阿辉终于同意去民政局领证。小芊开始张罗婚礼的事情：敲定大喜日子，预订婚宴酒店，定制婚礼服饰，最后与男方家商定出38.8万元的彩礼。小芊一家很开心，他们所在地的彩礼一般是几万块，阿辉家愿意给高出市面价数倍的彩礼，他们想当然地以为这是男方家宠小芊。小芊每天充实地忙碌着，希望赶在肚皮明显隆起前办妥一切，然后安心为人妻、生孩子。一切看起来那么顺利。

故事突然峰回路转：阿辉主动向小芊坦白，自己喜欢上了同单位的女同事。这是电视剧都不敢演的桥段：月头领结婚证，月末新郎对新娘说自己另有所爱。新娘小芊完全蒙了。回国这一年多，她一直迎合阿辉家人对她贤妻良母的高期望，忍受保姆们私下的各种攻击和议论，她甚至包容阿辉是"啃老族""妈宝男"。但这一次，在感情的背叛面前，她唯一的选择就是搬回娘家住。

时隔两年，我们和小芊探讨他们亲密关系破裂的原因。双方家庭背景的悬殊，导致了男方的傲慢。女方虽阶层较低，但出身于城郊的富裕农村家庭，无须通过嫁入豪门改变命运；

单凭征地拆迁补偿和村集体分红收入等，就可以让小芊一家一辈子衣食无忧。满足了温饱的生活需求后，比起完整的小家庭，尊严和平等才是小芊最看重的。

阿辉向小芊道歉，并请求她回家。他澄清说自己还没有与女同事发生实质性关系。小芊勉强同意回去。婆婆郑重其事地要求小芊不能再离家出走，因为在他们看来，小芊的出走是不可理喻的。从婆婆的表述中，小芊知道阿辉向他母亲隐瞒了实情。她很委屈，强忍着没有说出真相。当她再次发现阿辉和那个女同事还有联系时，小芊决心彻底了断，挺着大肚子一去不回头。这时，距离婚礼日期还有三个月。

重回娘家后，小芊面对双重压力：一边是蒙在鼓里的阿辉父母三番五次地向小芊父母施压，要求小芊回家、婚礼照常举行；另一边是阿辉一而再地跟小芊说他不会和小芊在一起，之前的道歉和哄她的话都是家人逼着说的。怀孕五个月的小芊心如刀割。

阿辉不理睬小芊，婚礼也不了了之。小芊试图用繁忙的工作转移自己的注意力。但乐观的她还是被夜深人静的孤独打败，靠着医生朋友和闺密的电话做伴，才撑过了生产前最艰难的时光。

小芊说，她这辈子永远无法忘记，自己一个人做孕产检，一个人办住院手续，一个人上产床，一个人在月子中心休养，一个人办出院手续和孩子出生证。

我打断小芊的陈述，问她："不可能吧？阿辉不知道你具体的分娩时间和地点吗？"小芊很激动："怎么可能不知道！我住院时要提交孩子生父的身份证件。医院刚好暴发疫情要封院，催促我们这些住院的孕产患者转院，也是要家属来才能办理的。但阿辉自始至终都没有出现，两次都是托人送他的证件复印件来办理的。"

孩子出生一个多月，阿辉都没有来看过。后来，我们根据阿辉递交的起诉状签名日期倒推，才知道那段时间他忙着起诉孩子母亲的离婚官司。

阿辉第一次听到女儿的哭声，是孩子满四个月时与女儿母亲打离婚官司的开庭那天。他们在法院的接待大厅里背对着坐着，仿佛彼此都不存在。

02

女方分娩后一年内，男方不得提出离婚

小芊通过我母校法学院的一位法学教授引荐，加了我的微信，发来她的案情简介："我和我先生2016年开始同居，2019年因为怀孕在8月份领证。10月他承认喜欢了别人，不想举行婚礼。然后我就搬出去住了。2020年2月宝宝出生了，3月他向我提出离婚。之前他跟我说每个月只愿意给1000元作为抚养费。他现在的工资月收入是2700元。婚后我们没有共同财产，最近他把他婚前的车子和房子都转走了（车和房都是婚前一次性支付、全款购买的）。我想向你简

单咨询一下我的权益。"

这段文字让我先入为主地以为这是极普通的离婚案件，我简单回复："我的咨询是要付费的，付费标准我发给你。你这个问题比较简单，既然是庄教授介绍来的，我就简单地免费回答你。你先生工资这么低，如果调解阶段他不让步的话，让法院硬判，抚养费是1000元左右，因为法律规定抚养费是他固定收入的20%~30%，而且还要看孩子的实际需要，按照当地一般生活水平来确定。如果你想要更多抚养费的话，主要方法是跟他协商签协议，没必要找律师。"

她问如果有需要的话可否约我进一步咨询。我回复说可以，但如果像她描述的这么简单的话，其实没必要付费进一步咨询，因为男方收入太低，她要不了更多。

如果这是普通收入家庭的纠纷，通常律师们在当事人寻求法律帮助时，只需要就他们的具体问题给出明确的答复，就可以结束咨询。道理很简单，一般收入者通常咨询后觉得麻烦和成本高昂就不愿意打官司了。律师为了维护与熟悉的转介人的关系，即便不能收费，也会礼貌回答。只是，这类当事人占比太大，经常会占用很多有效的工作时间去处理。所以，对于没有成案希望的意向咨询，律师们通常引导其付费咨询；如果对方没有付费意识，律师们则会想方设法在不得罪任何人（尤其是转介者）的前提下尽快体面结束对话，努力争取把宝贵的时间用于服务真正的客户。

微信那头的小芊可能有点急了："可是他婚前一套房子就是1000万元全款一次性付清的，车子200万元，也是一次性付清的。"我将信将疑,不解她丈夫为什么工资这么低。

原来,回国后,父母就安排了他们俩进政府单位工作,因为是编外人员,所以工资低,但对外可以很体面地说"在体制内工作"。阿辉家里资产过亿,但体制内收入全拿去给车加油都不一定够。

现在只有一款法律条文能给嫁入豪门的小芊提供暂时的保护:男方在女性哺乳期不得提离婚。所以,姑且先当她丈夫确实是"富二代",我仍然维持之前的建议,回复她:你的主要着力点还是放在跟他签协议上吧,看怎样能够让他签,这些婚前财产很难搞,你所在城市的抚养费,以我的经验认知,每月6000元就到顶了。小芊表示自己要先捋一捋思路,再约我面谈。

20天后,我收到小芊的信息:"我被男方起诉离婚了,说孩子不是他的。法官要求我三天后去法院做一份笔录,不知道您有没有时间可以陪我去一趟呢?可以先委托您帮我处理一下这次笔录的事宜吗?"这个案件发展得有点戏剧化了,我开始怀疑小芊是不是在隐瞒什么。我还没见过小芊,无从得知她的个人情况,比如性格、人品如何,是否付得起律师费。即便是说话不靠谱的客户,她是我老师介绍来的,无论如何也无法拒绝。

那几天我刚好很忙,只能利用休息时间和她电话沟通案情、答辩状、证据清单等准备工作。我先让她交了最低的律师出庭费用。

法官通知做笔录的当天,我们约定提前一小时在法院附近碰头。我第一次见到小芊，得体的穿搭和妆容，隔着口罩也能分辨出她眼睛的明亮，举手投足和言语间落落大方。

我再三问她是不是完全确定孩子是阿辉的，小芊斩钉截铁地给出肯定的答案，问到最后一遍时她甚至有点生气。

从孩子出生后阿辉的反应来看，他从未怀疑过孩子不是亲生的。在给孩子办出生证的事情上，阿辉非常在乎孩子的名字，找了很多民间大师，结合生辰八字，在微信上和小芊多次讨论女儿的姓名。一个怀疑女儿非亲生的父亲，在起诉前一个月还会这么上心地给她起名字吗？

阿辉及其代理律师，是要钻这一条法律条文的空子：

《民法典》第一千零八十二条：女方在怀孕期间、分娩后一年内或者终止妊娠后六个月内，男方不得提出离婚；但是，女方提出离婚或者人民法院认为确有必要受理男方离婚请求的除外。（原《婚姻法》第三十四条）

根据这一条，原则上阿辉在孩子满一周岁之前是不得提出离婚的，但他显然想通过主张孩子不是亲生的，来让法院相信"确有必要受理男方离婚请求"。

阿辉如此着急地想离婚，为此不惜捏造事实、恶意中伤妻子和亲生女儿，这是为什么呢？小芊说，她打听到阿辉与他喜欢的女同事最近来往甚密，存在阿辉被逼婚或这个女同事已怀孕的可能。

我和小芊沟通好策略和细节，特意叫小芊妈妈抱着孩子一起进法院。我们一行四人在大厅找座位坐下，等候书记员的传唤。

随后在法院大厅发生的一幕，让我终生难忘。门口进来一个小伙子，大厅的空座位少，他径直坐在了我们前面的一排，背对着我们四人。小芊示意，这就是阿辉。因为防疫规定下大家都戴着口罩，我还不确定阿辉知不知道老婆和亲生女儿就坐在自己后面。孩子突然"哇哇"哭闹，距离孩子半米不到的阿辉充耳不闻。路人都闻声看过来，只有他纹丝不动，这太不正常了。

我瞬间明白了：假装什么都听不见的阿辉非常清楚，身后哭的就是自己的亲生骨肉，出生百天以来从未看过一眼的女儿。事后，我和小芊分析，他选择无视自己的女儿是因为法官和书记员随时可能会经过，他不想被任何人看见他对孩子有天然的父爱。我经常拿这一幕和后来的客户说：诉讼离婚就是争利益，是非常无情的战争，对彼此感情的伤害，甚至会让你怀疑一切。

书记员把我们叫进了一个法庭房间，小芊妈妈和孩子不能进去。原被告双方及律师都到庭了。书记员之前电话通知小芊只是来做笔录的，但看这架势，原被告本人和双方律师都到场，又是在一个正式的法庭房间，跟开庭也没有什么区别了。

法官习惯性地宣布开庭。对方律师指责小芊挟胎逼婚，贪图男方钱财、狮子大开口，怀疑孩子不是亲生的，要求亲子鉴定。

前面的指控我都不回应，因为没有意义，法官不会审理。我只针对后两项，力争一招击倒对方："我方认为男方为了离婚诉讼能进入第一次诉讼程序,无端猜测婚生女非亲生,是拙劣的诉讼滥权,男方无法提供初步证明存在非亲生可能的证据。如果法院认为确有必要受理男方离婚诉讼的,我方同意亲子鉴定,前提条件是,鉴于法院在哺乳期审理本案,会对哺乳期母女的身心、名誉构成严重伤害,如果最终的鉴定结果为亲生,男方需赔偿我方精神损害赔偿金100万元;如果鉴定结果为非亲生,我方愿意赔偿对方精神损害赔偿金100万元。如果男方同意以上条件,我方同意继续诉讼和同意亲子鉴定。"

我发言完毕,对方不敢接话。法官始料未及,连忙责备我刚才100万元的对赌邀约是不是影视剧看多了、入戏太深。法官声明,孩子是否亲生的、是否需要鉴定,以及诉讼是否会继续的问题,法庭会根据法律和举证规则来审理,不是通过对赌来认定的。法官问原告阿辉有什么证据证明孩子不是亲生的,阿辉和他的律师支支吾吾。法官看出他们没有任何事实根据。

我早就预料到法官会责备我。但严格来说,这并不算律师发言不当或违规,因为这番发言是经过我和当事人事先商讨后决定的,是当事人授权和要求我这么做的。虽然这样的对赌邀请没有法律依据,但无论对方当事人还是法官,都不能对这样的剑走偏锋追究法律责任。看似荒谬的对赌邀约非常精准地传达了我们的意图:孩子绝对是亲生的,我们不怕亲子鉴定。从法官当庭表态要驳回原告起诉及随后收到的驳回裁定书,就知道我们的发言效果完全达到了。

庭审很快就结束了，对我方来说，算是非常顺利了。虽然没有当庭宣判，但结果不会有任何悬念。

03
两次诉讼期间分居满一年，应当准予离婚

对方着急离婚，是利益最大化的谈判好时机。法院判决的抚养费通常是当事人固定收入的 20%～30%。

回家路上，我接到了书记员的电话，询问我方能否接受调解。我要求阿辉先给出调解方案，同时表示我会和小芊商量调解方案，明天早上给书记员答复。

调解是离婚诉讼中的必经程序，前提是遵循自愿原则，双方都有意愿接受调解。我向小芊分析了目前的形势：男方这次明知赢不了还起诉，看似很荒谬，但他要实现的两个目的很赤裸裸，一是试探我方的态度，二是为第二次起诉判离争取时间。

因为 2021 年要生效的《民法典》有新规定，第一千零七十九条第五款："经人民法院判决不准离婚后，双方又分居满一年，一方再次提起离婚诉讼的，应当准予离婚。"

只要提出两次诉讼且中间间隔一年的分居时间，就再也没有离不了的婚。阿辉现在就是急于在小芊哺乳期完成第一

次诉讼,所以这一次诉讼不管最后怎么判,在他看来,他的如意算盘都能实现。

小芊现在面临二选一的难题:要么不同意离婚;要么利用对方着急的心态,开出一个双方都能接受的离婚方案。

小芊最后选择了不同意离婚。她的主要考虑是:作为原配,不能让小三轻易得逞;刚刚生育完三四个月,自己不急着找下家,既然阿辉不给母女俩好交代,为什么要为他的新生活着想?

我不反对小芊的选择,但也提醒她,现在男方比较着急离婚,这个时候提条件和要求容易得到满足,如果错过好时机,明年这个时候对方第二次起诉,我们手上就没有好的谈判筹码了。现在他可能愿意给数百万元,到明年如果他不愿意给的话,我方只能按照法律去争取,能拿到的利益就只剩下抚养费了,总额可能连100万元都不到,而且抚养费只能在之后的18年里按月分笔收取。

大部分情况下,代理律师希望自己的当事人见好就收。虽然能理解当事人的心态,但我们的本职工作是尽可能为当事人争取最大化的现实利益,不去赌赢面小的可能性。当然,我同样希望自己的当事人可以不拘泥于眼前利益,在这方面,小芊后来的种种选择超出了我的预料,她一年后的决定更是让我佩服她的勇气和尊严。

小芊十分纠结,她不知道阿辉会答应给她多少现实利益,也不知道,自己才25岁,带着一个三个月大的女婴,以后会遇到什么样的困难。

小芊说:"我的调解方案是,阿辉按抚养费每月2.5万元的标准一次性付清女儿18年的抚养费540万元,再给女儿在市中心买一套学位房,380万元左右的,加起来是920万元。他要么大方地满足我的要求,要么一分钱都不要给。我已经做好了这样的心理准备。开的价很高,我知道他一定不会答应。我不会同意他降低标准。他现在开的车是200万的,他对自己有多好,就应该对自己的女儿一样好。即便他不给抚养费,我家也能给女儿体面的生活。所以,这不是钱的问题。"

我不再劝说小芊妥协,也深刻反省了自己为什么喜欢劝客户见好就收:我惧怕外界以最后的结果来评论自己作为律师的成败;如果小芊的坚持让她最后颗粒无收,我不知道该如何向庄教授交代。但我坚信,倘若最后真的一无所获,她也不会倒打我一耙。

第二天,我给书记员报了920万元的调解方案,书记员叹了口气就把电话挂了。

庭审结束后第五天,我们收到了法院寄来的驳回阿辉起诉的裁定书。这是一个如我们所愿却又让人高兴不起来的结果。在下裁定书的最后关头,书记员说双方的调解期望差距不止一两百万,法官说如果我方愿意接受300万元以内的调解方案,可以尝试帮我方做对方的工作。我把法官的原话转达给小芊,她斩钉截铁地拒绝了。

第一次诉讼就这样结束了。之后小芊和我保持联系,多次讨论我方如何化被动为主动,猜测阿辉会不会幡然醒悟、给母女俩惊喜。我们都不希望，在越来越逼近哺乳期届满的日子里，我们的谈判筹码会迅速流失。

阿辉为了打探小芊的真实想法，想约她闺密吃饭。小芊急不可耐地和闺密一起找我商量对阿辉的口径。小芊会不会真的如阿辉一家所指责的那样"都是为了钱"？我更愿意相信，小芊一直在等阿辉的良心发现——不是对小芊本人，而是对他们的女儿。但小芊的执着等待，让她等来了绝望。

在女儿满周岁的那个月，小芊收到了法院寄来的阿辉第二次诉讼离婚的起诉状。起诉状上签名落款的日期正是女儿的生日，阿辉连一天的时间都不愿意浪费。小芊彻底死心了。

04
改姓不归法院管

第二次被起诉，我依然是她的代理律师。我一再提醒小芊，这次她依然有不同意离婚的权利。他第一次起诉的结果是"驳回起诉"，而不是《民法典》新规定表述的"不准离婚"。所以，严格来说，一年前的诉讼并不算"第一次诉讼"，这次才是"第一次"。这意味着阿辉这一次起诉依然没有法院"应当准予离婚"的法定事由，根据《民法典》新规定要求的"两次诉讼、其间分居一年"的法定离婚条件，小芊还是有希望再拖阿辉几年的。小芊却不置可否。

这次开庭的是一位男法官。开庭前，法官先调解，问阿辉愿意出多少抚养费。阿辉的律师提请法官注意他们提交的证据，阿辉在政府部门的合同制工作月薪只有5000元，他们接受调解愿意支付的每月抚养费是3000元。我方出示阿辉名下别墅的房管局查册表、阿辉开的价值200万元的豪车的照片，说明阿辉有经济实力给女儿提供更好的成长条件。我的发言被法官打断。法官说，抚养费只和当事人的固定收入挂钩，而与阿辉原有财产的多少无关，如果我方没有其他证据证明阿辉的每月收入，那他现在愿意承担的3000元已经高于法定标准。因为最高法院的司法解释规定，法院判决的抚养费是当事人固定收入的20%～30%，不接受调解，由法院判的话，最高也只能到每月1500元。

小芊的发言震惊全场："如果是3000元的抚养费，我不能接受。我有一个提议，我可以同意离婚，且不要男方一分钱抚养费，前提是男方必须配合我，把女儿的姓氏改成跟我姓。"

法官接过话，给孩子改姓氏是大事，建议原被告双方都各自找家人商量，现在就打电话确认。

小芊到外面走廊打电话给父母。阿辉在原告席后蹲下，低头打电话。不一会儿，双方都回到各自原被告座位上，分别向法官表示同意此方案。

这时法官说，改姓氏的问题，不属于法院民事庭处理的权限范围，所以无法写入民事调解协议笔录和调解书中，希望双方私下另签协议。

我马上高声表达担忧:"如果连法院都不愿意管这件事情,法官不把男方配合改姓氏的承诺写入调解协议,而让我们私下签协议,一旦原告反悔违约,最后不愿意配合我方到公安局的户政部门改姓,我们现在同意调解离婚,不就是白白上当受骗而又维权无门吗?"

法官推托:男方答应配合改姓氏的约定无法写入调解书,因为法院调解书是要拿去找法院领导盖章的,肯定不能通过;另外,就算写入调解书也没有法律强制执行力,男方到时不履行调解,女方申请强制执行调解书内容,本法官也不能保证法院的执行法官能执行。

我方陷入了左右为难的境地。原告阿辉值得我们最后的信任吗?18年抚养费,按每月3000元来算,也就是64.8万元的金钱之痛,与配合给女儿改姓氏的得失相比,阿辉会看重哪一个呢?私下签协议后,阿辉会不会反悔呢?

对方律师打破了她之前一直无存在感的状态:"我们愿意在法官面前签承诺配合改姓氏的协议。你们放心吧,我们一定说到做到!"

小芊问我:"如果私下签了改姓氏协议后,阿辉不配合签名同意改姓氏,能不能通过法律途径解决?"我说:可以起诉阿辉,如果法院不受理,我们直接根据这个协议去告公安机关。但是,法律规定,未成年子女要改姓氏,父母双方一定要同时到场签署同意的书面声明。父母有任何一方不到场的,公安机关有权拒绝办理姓名变更手续。目前,全国范围内查不到对公安机关提起这种行政诉讼的成功先例,我方要有足够的风险意识。

有没有为小芊降低风险的方法呢？

变更姓氏的问题，涉及非常复杂的请求权分类和司法管辖界限的法学理论问题。简单来说，如果阿辉出尔反尔，我方要求阿辉配合改姓，这个请求权是以什么权利为基础的呢？如果有协议在前，可能会被认为可以追究阿辉违约的民事责任。如果直接到法院提起民事诉讼，要求阿辉配合改姓，在立案那一关就可能被法院拦下，因为变更姓名的权限是在公安户政部门，确实不属于法院的司法管辖范围。

我之前还找到一个对我们很不利的类案——

在广东省佛山市南海区人民法院（2015）佛南法樵民一初字第435号案中，男方张某甲和女方区某曾是夫妻关系，婚后生育了女儿张某乙和儿子张某丙。后来男女双方协议离婚，双方在离婚协议里白纸黑字约定：婚生女儿张某乙由男方抚养并承担抚养费，婚生儿子张某丙由女方抚养并承担抚养费，儿子的户籍、姓氏跟随女方。但办完离婚登记手续、领取离婚证后，男方反悔，拒不配合女方到公安部门办理儿子张某丙的姓氏变更手续。女方向法院提起民事诉讼，诉讼请求是"请求判令男方协助将儿子改为随女方姓氏"。法院最终判决驳回女方的诉讼请求。

法官在判决书中这样写道："本院认为，我国《婚姻法》第二十二条规定，'子女可以随父姓，可以随母姓'。这是我国婚姻法对子女姓氏自由的规定，子女有自由选择姓氏随父还是随母的权利。本案中，原被告的婚生儿子张某丙有自由选择姓氏随父还是随母的权利,但由于张某丙尚未成年,该权利应由其父母共同行使。原告主张原、被告签订的离婚协议约定儿子姓氏随母,被告应配合变更儿子姓氏,但选择姓氏是一种自由权利,不是义务,被告作为父亲在儿子未成年的情况下享有与原告同等的决定儿子姓氏的权利,虽然被告曾经承诺儿子姓氏随母,但是被告现在已明确表示不愿意儿子变更姓氏,姓氏自由作为一种自由权利,不应受到强制。原、被告作为张某丙的父母在选择张某丙的姓氏的问题上具有同等的权利,应共同协商解决,在未协商一致的情况下,原告要求被告配合变更儿子姓氏随母,依据不足,本院不予支持。"

我想到一个办法。我在法庭上提议,这个私下协议必须写明阿辉若反悔不配合改姓氏的,就要3日内一次性支付64.8万元抚养费,逾期不支付的,要按每日1000元的标准支付违约金。既然承诺配合改姓的书面约定法律效力有争议,即便通过,法院也不一定会赋予强制执行力;那我方不如约定成一种"支付抚养费+逾期支付违约金"的违约责任,变行为之债为金钱之债。即便如此,如果到时阿辉反悔配合改姓,我方起诉到法院能不能获得法院的支持,我也没有十足的把握。

我低头跟小芊小声地商量:"这样的约定虽然不能确保百分之百的法律强制执行力,但对阿辉来说,因为他始终存在承担违约责任的风险,他会有心理负担,不敢轻易违约。而且,阿辉的律师是以做企业法律服务为主的商事律师,未必会知道这个改姓协议有不能强制履行的可能。"

小芊决定按照我的建议赌一把!

阿辉小声地向他的律师抱怨,每天 1000 元的违约金太高了。但我方坚持必须有这个违约责任条款,如果他配合给女儿改姓的手续,是不会产生任何违约责任的。

谢天谢地,同时签署了离婚调解协议和改姓协议后,我们顺利地预约到了下一周公安局户政中心的业务办理号。当天阿辉也准时出现,配合办理了女儿姓氏变更的手续。小芊拿到了盖有法院印章的离婚调解书,和女儿与她同姓的新户口本。这意味着,小芊和阿辉的婚姻在法律上结束了,她们母女俩最大程度地切断了与阿辉的关系。

从公安局回家的路上,我忍不住把车停在路边,给小芊发微信:"我给数百位客户提供过法律服务,但私心觉得你是最勇敢的一个。你一定会越来越好的,因为你配得上所有的美好。"

为了写这个故事,时隔大半年后,我又见到了小芊。采访结束,她向我请教:阿辉已经和女同事分手了,他现在想约她,还要主动给她钱,她应该怎么处理呢?

我们相视一笑。

我说:"多少钱你都可以放心收。他的所有转账,你都记得回复一句,'谢谢你对女儿的爱'。如果他想看女儿,你们可以约在公共场合见面,比如商场、公园等,千万不要约在他家或去酒店开房。这样可以保证不向他发出错误信号，也是为了避免两人形成事实上的恋爱关系之误会。否则，已经没有婚姻关系的单身男女之间的大额财物往来容易被认定为'婚约财产'。结婚不成，男方可以以退还彩礼为由，要求女方全部返还。如果留有父亲对女儿赠与的佐证证据，就可以完全打消这样的顾虑了。"

临别前，我们好奇地问她有没有新的感情。她腼腆一笑："有了，他很好。"

我相信，她的美好新生活才刚刚开始。

四、非婚生子女的抚养费：未婚妈妈的追讨路

子女抚养费根据子女的实际需要、父母双方的负担能力和当地的实际生活水平确定。有固定收入的，抚养费一般可按其月总收入的20%～30%的比例给付，一般不超过50%；与其原有财产多少无关。孩子父亲有千万资产，但固定工资只有3000元，法庭一般判决抚养费最多能给1500元。

01
独力抚养女儿的未婚妈妈

小美，来自中部地区农村的"80后"，初中文化水平，不到20岁就来到珠三角的"鹅城"打工。她在某五星级酒店从普通服务员一直做到领班。小美的性格不算开朗，工作忙碌而单调，岗位—宿舍—食堂三点一线的生活让她保持单纯，感情生活一片空白。

26岁那年，看着同龄人一个个结婚生子，没有恋爱过的小美，谈婚论嫁的紧迫感前所未有地强烈。通过酒店保安老乡的介绍，小美认识了比她大整整一轮的黄总。

从初次见面到确立男女朋友关系，小美都没把年龄差距当一回事。在实际相处中，她并不觉得黄总比自己老很多。

小美没有意识到，男女年龄差距过大的主要问题不是外貌体态和身体机能的差异、性生活可能的不和谐，也不是对外界闲言碎语的惧怕，而是智识和社会经验的落差。黄总可能会利用这些优势拿捏她。

后来小美复盘，曾经一起有过美好回忆的黄总的形象似乎变得面目全非。她甚至想，也许从一开始他就有某种企图。

小美很清晰地记得，初次见面时，黄总就"坦陈"自己离异，育有一女随前妻生活。小美深受感动，大概没有哪个男人一认识就主动交代的吧，除非他是想跟自己过一辈子。小美很纯良，以己度人地认为黄总也一定是这样。在婚恋市场上，离异本来是失分项，但因为黄总主动说出来，涉世未深的小美坚信自己遇到了诚实的好男人。小美的父母是老实的农民，父亲长期在外打工。缺少父爱的小美，自青春期开始就渴望有一个男人能保护自己、对自己好。

黄总开始对小美展开疯狂的追求。他成熟体贴，深得小美喜欢。黄总对小美很好，每天给她做饭，送她上班，然后坐在酒店楼下的咖啡厅等小美下班。他们的关系进展迅猛。

很快，小美惊喜地发现自己怀孕了。她满怀期盼地把试纸自测结果告诉自己心爱的男人。黄总不相信，亲自开车带她去医院抽血复检。拿到医院确诊怀孕的报告后，他的态度让小美失望透顶：黄总觉得他们的关系太匆忙了，要求她打掉肚里的孩子，不能生下来。小美无法理解初恋情人为什么这么快变脸，还这样对待自己和肚子里的孩子。她哭闹着追根问底。

黄总终于说出隐情：他和前妻复婚了。小美震惊，泪流满面。她不能接受自己被动成为第三者的事实。从认识黄总到他说出"复婚"二字，她的初恋只短暂地持续了三个月，现在就像三个月大的婴儿面临即将夭折的厄运。

现在35岁的小美回头看，那时26岁的她根本没有想到，短短三个月的初恋竟然成了她前半生全部的情感生活。

小美的内心充满不甘和屈辱，但她知道，自己绝不能做第三者破坏别人的家庭。

第二天，她毅然决然地离开了这座让人伤心的城市，回到了上千公里外的老家。小美的想法是，一不做小三、不打扰黄总的家庭生活，二要把孩子生下来。

小美和家人讲了自己的打算，所有人都反对。她妈妈最激动，骂她没结婚就怀孕很丢人，质问她拿什么养孩子，还警告说如果不打掉孩子就断绝母女关系，气到让小美"滚蛋"。

小美与家人决裂，赌气离家出走。去几十公里外的表姐家暂住几日后，她在医院附近租房安顿下来，养胎待产。

那时候，计划生育管得严，未婚先孕是违法的。肚子越来越大、办不到准生证的小美不敢出门，经常靠没有营养的快餐凑合。

小美独自面对怀孕期间的种种困难，把孩子生下来的决心也有动摇过。小美说："我实在舍不得。孩子天真可爱。每次在百度上看到被流产的胎儿的照片和新闻，我真的接受不了这样对待自己的骨肉。"

我问小美："黄总知道你要把孩子生下来的决定吗？他

支持吗？"小美情绪激动："他当然知道。他不但反对把孩子生下来，还说了很恶毒的话。他说如果让他看到孩子，他会把我和孩子都杀了，然后花钱找个人替他坐牢。"

初恋幻灭，小美为什么还要留下孩子呢？除了单纯善良和本能的母性，小美生孩子的决定也有赌气的成分。这股和黄总、和自己父母较真的劲，支撑着倔强叛逆的她度过了怀孕期间很长一段时间。

但这个决定也让她家付出了沉痛的代价：小美的母亲，直到孩子出生才愿意重新认她这个女儿，更别提安慰小美、陪她待孕生产；而小美的父亲变得更加沉默，整天闷闷不乐，在外孙女出生14天后猝死在建筑工地上。

小美说，怀孕时根本想不到可能会有什么困难；真正艰难的开始是在孩子出生之后。没有亲朋好友的祝福，没有父母的帮助，独力带孩子，她感觉自己的人生仿佛被毁了。孩子的外婆对她不听劝阻生下孩子的冲动还耿耿于怀，母女之间心存芥蒂、几无交流。

育儿知识和经验近乎白纸的小美，对女儿毫无规律的吃喝拉撒和大声哭闹束手无策，只能自己摸索。好不容易把孩子抱着哄睡了，就只能一直抱着，连洗手间都找不到空闲去。面对孩子的病痛，小美更是无助。她没日没夜地劳碌，很久没有睡过整觉，身体、心情、经济和精力都濒临崩溃的边缘。面对莫名号哭的女儿，小美常常跟着哭，极端时脑子里还闪现过要抱着女儿一起死、结束这一切痛苦的念头。

一天，我的助理无意间提及，有一位抖音粉丝付不起我的咨询费和最低律师代理费,但给她推荐其他收费较便宜的律师,她也不愿意,点名非我不可,说接下来会好好工作攒律师费。这位粉丝就是小美。

等小美再次通过电话咨询找到我时,她的女儿已经9岁了。她告诉我,这些年太难了,不知道自己是怎么熬过来的。她在长三角某市的家具城做售货员。为了攒够律师费,她连续三个月每天上班,卖力推销店里的产品。家具城不包吃、不包住。她的底薪只有2500元,疫情之下生意不好,她的提成也不多。扣除和女儿的日常开支,每个月存不了多少钱。但她终于可以委托我做律师了,诉求是让黄总承担孩子亲生父亲的抚养责任。

为什么现在一改初衷,要找孩子亲爸要钱呢?是疫情!

起初,虽然过得不好,但咬咬牙总能扛过去。孩子5岁前,小美从来没找过黄总。最艰难的2017年,小美忍不住联系黄总,希望他帮助母女俩,结果换来一顿数落。小美反复咀嚼黄总的责骂,为自己联系他的冲动后悔不已:当初怀孕,明明答应了他,自己一个人决定、一个人负责,绝不连累他。现在怎么能出尔反尔呢?诚实善良和信守承诺,不是一个人最起码的修养吗?这是自己咎由自取的,再困难也只能自己一个人背!

但小美最后的坚强被新冠肺炎疫情完全击垮了。她没想到,五星级酒店领班的自己会沦落到吃不上饭的境地。为了改善孩子的生存现状,她只能循司法程序找孩子的生父解决问题。

02
生育决定权是女性独有的权利

小美的案件很难办。

她自己也认为很难办，但她以为的难点，其实并不难。小美担心，黄总当初反对把孩子生下来，是自己执意要生，还能要求他负责吗？这个问题，司法实践中是有明确答案的。

北京市有一对外地男女发生了一夜情。女方怀孕后，不顾男方的反对，执意生下孩子。后来，女方安排孩子在北京上学，并将男方起诉到法院，要求分摊高额择校学费。经鉴定，男方是孩子的生父。男方辩称，双方没有任何关系，当初女方私自受孕，不听劝阻、非婚生子，自己没有抚养责任。

在这起（2013）海民初字第23318号案中，北京市海淀区人民法院审理后认为，不直接抚养非婚生子女的生父或者生母，应当负担子女的生活费和教育费。男方作为一个有劳动能力的公民，支付抚养费应为未成年人父母的应尽义务。孩子一直随母亲赵某在北京居住生活，在北京的学校就读并无不当。最后法院判决男方支付孩子一半的学费。

这个案例，被最高人民法院主办的《人民法院报》刊登于2014年5月29日第6版，非常有影响力。该案的裁判要旨写明："生育决定权是女性独有的权利，生育子女不需要男女双方的合意，女性单独决定即可。根据儿童利益最大化原则，非婚生子女的抚养费用应当由男女双方平均负担。"

司法实践中的主流观点是，男方的生育权仅限于选择发生性行为的对象、时间和地点，男方完成性行为之后，就丧失了对生育与否的决定权，而由女方完全主导。儿童利益最大化原则，是世界各国未成年人民事权益保护的最重要原则，"在涉及未成年人的民事诉讼中，均应该从儿童保护角度出发，在利益衡量取舍之时，应优先考虑儿童利益"。因此，即便是女方完全主导的生育决定，从儿童利益最大化的角度出发，男方也必须相应地承担责任，如分摊分娩的费用、抚养孩子的义务等。

所以，小美的担心是多余的。

但小美的案件难办在三个地方：

一是黄总的身份确认问题。他的身份证号和人口信息，关系到法院立案并向他送达传票。

二是证明女儿是黄总亲生的。如果黄总不承认孩子是他的，小美有没有初步证据让法官相信存在亲生的高度可能。

三是合法争取更多抚养费，这一点与对方的收入水平密切相关。因此，案件的关键在于如何证明黄总的经济收入。如果没有证据，单凭法院判的话，抚养费的支付标准会很低。而如果黄总做足了功课的话，小美打官司的成本可能都要不回来。

在电话咨询里，我给了小美律师费的报价，在最低收费标准基础上，再给她打了六折。小美很感激，想要马上转账给我。我连忙拒绝，解释道：你的案子能不能打，要看证据；你先不要急着付律师费，否则，如果证据不足，官司没有胜算的可能，到时退律师费会很麻烦。我再三强调，让小美把有关证据先发给我看。

我给小美报了低价律师费，表明了愿意不计报酬尽力帮助她的诚意，但心里很清楚，上述三个难点解决不了的话，这案子我接不了。

小美并不知道黄总的身份证号码。

《中华人民共和国民事诉讼法》（以下简称《民事诉讼法》）规定，向法院提起诉讼的条件之一，是有明确的被告。法院通常要求提供被告的身份证复印件，就是要确定被起诉的是谁。大至买房、开设银行账户，小至注册微信、微博等社交账户，都要求提供身份证信息或实名人脸认证，就是因为这条法律规定。大机构的用户数以亿计，产生纠纷在所难免，有身份信息才能锁定被告。一旦发生纠纷，才能通过司法途径解决问题。

而很多人，就像小美一样，是没有这种风险意识的。在婚恋纠纷中，不知道对方身份证号码的情侣不在少数。甚至被欺骗感情或财物后，才发现对方连姓名都是假的。

如果不知道对方的身份证号码，有没有补救方法呢？小美说，她能够确定他的姓名是真实的，也能够确定他是"鹅城"哪个镇、哪个村的人，也笃定他身份证上的出生日期是1973年某月某日。我向小美再三确认了她提供的姓名、籍贯和出生日期，猜想被告的身份确认问题应该能解决了。

把这些信息写入起诉状后，可以到法院的立案大厅申请一份《立案补充材料通知书》，再到公安户政部门申请查询人口信息，这样就可以拿到被告的身份证明，最后回到法院正式立案。

但小美这个案件很诡异。助理去法院和公安局走流程，回来反馈在公安机关查不到黄总的人口信息。

难道小美提供的黄总的出生日期有误？

助理说，她能够在裁判文书网找到黄总起诉别人追债的判决书，判决书显示黄总的姓名和出生日期与小美提供的信息吻合，但是判决书隐去了身份证号码。我们拿这份判决书又去找公安机关交涉。户政窗口的民警还是说，根据这份判决书上黄总的信息，查无此人！

这下骑虎难下了。案子因为被告的身份信息缺失无法立案。但我们已经和小美签了代理合同，收取了律师费。我有些后悔接了小美的个案，当时出于做善事的半公益心态，自我感动得失去了应有的风险防范意识。

助理及时向小美汇报案件遇到的被告身份难题。小美很不理解，认为是助理没有尽力。我耐心地向她解释："公安部的人口查询系统有时也会出问题，这在我们律师能力范围之外。但没有事先告知这个小概率的风险，我需要向您道歉。"

小美停止抱怨，说她会想办法找到黄总的户籍信息。她求助当年与黄总共同认识的朋友，经由这位朋友联系某部门，辗转拿到了黄总的身份证号码。

助理第三次去公安局的户政中心，交涉和折腾了半天，终于拿到了黄总的人口查询单，去法院顺利立案。

03
法律不可以强制个人做亲子鉴定

这个案件的第二个难题是证明孩子与黄总的父女关系。很多人以为，现在有基因测序技术，亲子关系很容易证明。技术上确实易如反掌，但法律程序非常复杂。我方能随意要求黄总做亲子鉴定吗？黄总完全可以这么反驳：满大街的孩子他妈找我做亲子鉴定，我都要配合吗？

在民事纠纷中，没有任何一条法律可以强制个人做亲子鉴定。最直接相关的法律条文是，《最高人民法院关于适用〈中华人民共和国民法典〉婚姻家庭编的解释（一）》（以下简称《民法典婚姻家庭编解释（一）》）第三十九条第二款：

父或者母以及成年子女起诉请求确认亲子关系，并提供必要证据予以证明，另一方没有相反证据又拒绝做亲子鉴定的，人民法院可以认定确认亲子关系一方的主张成立。

这款条文没有赋予法院可以强制执行亲子鉴定的权力。但我们可以在亲子鉴定这个方法之外，收集其他必要的证据，只要能形成相互印证、证明存在亲子关系高度可能的证据链，就可以要求对方做亲子鉴定。虽然不能强制，但对方的拒绝可视为默认，法院可以据此推定存在亲子关系。

可以辅助证明未婚男女生育孩子的亲子关系的证据主要有：受孕时间点的恋爱、同房证据、陪同产检证据，产期陪护、手术签字证据，月子期间照顾证据，孕产期医药费等相关费用凭证，孕产物品的购买支付凭证，出生后以父亲身份亲子相处的证据，和抚养费的支付证据等。

上述列举的证据，小美少得可怜。因为她怀孕初期就断绝了与黄总的联系，整个孕产期几乎是她一个人度过的。孩子5岁之前都没有黄总的任何音信。

所幸的是，经过仔细查问和引导，小美在与黄总最近半年的微信聊天记录里，找出了催讨抚养费的争执，其中有黄总间接承认女儿的信息，比如：小美哭诉抚养孩子的艰难并要求黄总承担起父亲的责任，黄总文字回复，"我也想多给的，但现在真的没有这个能力""等我以后有钱了，一定不会亏待你们的""我现在经济上真没办法，我们相互再辛苦一下，等我以后有钱了尽量弥补你们"等。小美还导出了黄总连续七个月每月微信转账1000元的记录。

这些构成了存在亲子关系的必要证据，可以放心收案了。另外，从微信对话记录可以看出，他们的关系没有完全闹僵。收案后可以指导小美与黄总继续交涉，收集更多证据来夯实证据链。

但并不是每位婚前同居、怀孕后被抛弃的未婚妈妈都有小美的运气。小美不幸中的万幸是遇到了还不懂得"防范"自己的黄总。

这让我想起最近接待的和小美遭遇相似但惨得多的钟女士。未婚的她认识了一位比自己大十多岁的国企集团副总。在交往期间，副总自称正在办离婚手续。钟女士不久就怀孕了。副总的母亲为钟女士租房，让她安心养胎待产。孩子出生后不久，副总自杀身亡。钟女士怀疑是与副总的婚姻已名存实亡的原配逼死自己的男人的。她以孩子之名起诉副总的原配，要求继承和分割副总的遗产。

法庭上，原配提交了一份公证书，是副总在自杀前三天做的公证，将他名下价值 1000 多万元的房屋公证赠与给原配的孩子。钟女士仅掌握副总名下一辆价值几十万元的奔驰车。虽然法律规定非婚生子女享有与婚生子女同等的权利，但问题是，原配妻子根本不承认这个私生子，要怎么证明非婚生孩子对亡父的遗产有继承权呢？

原配不同意让自己的孩子和这个私生子一起做同父异母鉴定，理由非常正当：她的孩子是未成年人，这个亲子鉴定将不可避免地让他知道一些不该知道的真相，不利于未成年人的身心健康。钟女士找到副总的父母，但他们避而不见，更别说是同意做祖孙关系的鉴定。

钟女士没有任何间接或直接证据证明孩子是副总的。副总和她交往期间非常谨慎，连小区的摄像头都拍不到他的全脸，重要的事情都是当面沟通的，没有留下任何相关文字、聊天记录。她没有副总和孩子的合照，也没有平时交往的录音、录像证据。

本书写作期间，钟女士的案子还在一审中，开庭后法官一直没有出判决。在等待判决结果期间，她第一次找到我咨询，说她的律师已经不理她了，她想换律师。我表示办法不多，先等一审结果出来，看过判决书后再决定是否为她代理上诉。其实，我心里已经下了结论：钟女士赢不了，没有法官敢判决她的儿子与那位副总存在亲子关系。

我为什么会如此断言呢?这个判断正是来自小美案件的经验。这是后话了。

04
父亲有千万财产,只给1000元抚养费

第三个难题是如何合法争取更多抚养费。

小美说,孩子小时候多病,进过重症病房。多年来,她为此负债数十万元。这些年父爱缺位、独自养孩子的苦,要和黄总一一清算。她的心理期望是一次性收取200万元。

客户过高的心理期望会让律师非常难办。公众对抚养费标准的理解往往存在以下误区:

一是误以为能够证明对方高收入,就可以让对方支付高额抚养费。几年前,我曾帮助广州一位女性客户打离婚官司争取抚养费。男方在内陆某县城开采矿厂,每年净利润收入超过2000万元。我方当时主张抚养费为每月2万元。法官的判决结果是,在广州读高学费私立小学的两个孩子的抚养费是每人每月6000元。

二是误认为只要能证明对方有众多财产,就可以让他支付高额抚养费。抚养费多少,与对方已有的财产没有关系。在本书小芊和阿辉的离婚案件中,男方开价值200多万元的

豪车，名下别墅价值数千万元。我作为女方的代理律师，向法院提交了男方的豪车和豪宅证据，对方也承认的确有这些财产。但男方只是政府街道办的编制外人员，他的收入证明只有几千块钱一个月。法官当庭表态，如果由法院判的话，就是每月一两千元的抚养费。

三是误以为可以按照自己这方既有的高品质消费水平，要求对方支付离婚后相应水平的抚养费。律师向法庭提供当事人的孩子吃贵的奶粉、穿名牌衣服、享受高端保健医疗服务等消费凭证，以此证明要求高额抚养费的真实性和必要性。但法院最后的判决结果通常会证明，这些努力未必管用。

为什么法院判决的抚养费总是偏低？《民法典婚姻家庭编解释（一）》第49条有明确的规定：

抚养费的数额，可以根据子女的实际需要、父母双方的负担能力和当地的实际生活水平确定。有固定收入的，抚养费一般可以按其月总收入的百分之二十至三十的比例给付。负担两个以上子女抚养费的，比例可以适当提高，但一般不得超过月总收入的百分之五十。无固定收入的，抚养费的数额可以依据当年总收入或者同行业平均收入，参照上述比例确定。有特殊情况的，可以适当提高或者降低上述比例。（同1993年11月3日最高人民法院《关于人民法院审理离婚案件处理子女抚养问题的若干具体意见》第7条）

抚养费双方协商不成的，标准一是按当地的实际生活水平确定，所以是普通收入家庭的生活水平，而不是富裕家庭的生活水平；标准二是子女的实际需要，这也是参照普通收入家庭的孩子的必要开支，昂贵的辅导班、兴趣课、家庭教师支出等,都难以通过诉讼的方式要求对方承担;标准三是父母双方的负担能力,衡量标准不是已有财富,而是父母每月的固定收入,没有固定收入的,参照他所属行业的平均收入。这三条标准,法院是同时适用的,而且法官往往倾向于"就低不就高",所以司法实践中法官判下来的抚养费普遍偏低。

如果有人说抚养费一定会在对方总收入的20%~30%范围内判决,这种思路是不对的,没有考虑当地生活水平,也没有考虑孩子的实际需要。要尽可能多地争取抚养费,思路只能是证明并合理解释孩子的实际支出,同时想方设法证明对方较高的收入水平。

小美苦在没有孩子实际支出的证据。女儿的日常消费多在镇上的小超市进行,奶粉、尿布这些支出都是八九年前的事了。当年的支付记录和票据找不到了,连小超市的老板都换过好几个了。孩子之前住院的诊断、医药治疗费及支付凭证,大部分缺失。医院要求法院来函才允许去档案室复印。小美没有物证、书证和人证。

对黄总的收入水平,她更是一无所知。小美反问:"难道法院不会调查他的工资银行卡吗?"这种发问在客户咨询中很有代表性。

民事诉讼中"谁主张、谁举证"的证明责任制度意味着,绝大多数证据需要当事人提供,法院只是根据双方的主张和证据中立地裁判。法官就像体育比赛的裁判员,不会亲自下场主动收集对一方有利的证据。如果当事人对自己的主张没有提供证据,当事人本人就要承担败诉的风险和后果,不能怪罪法院没有为其收集有利证据。法律上为什么要有证明责任的分配制度呢？一是法院的司法资源有限，承担不起每个个案调查的负担；二是让法院保持中立。

既然我方要向黄总主张更高的抚养费，就要证明黄总的实际收入很高。这个证明责任由我们承担，法院没有义务主动收集黄总高收入的证据。我们唯一能够指望法院的是，在我方没有权限去黄总的工作单位或其工资卡所在银行直接调取他的工资收入证据时，我们可以向法院申请调取或申请律师调查令后自行获取。

但向法院申请调取收入情况是有条件的，申请人要提交相关财产线索。

小美无法获知黄总具体的工作单位信息，也不能提供他准确的银行账户信息。诉讼过程中，法院根本不会受理取证申请。

案件推进陷入困境。我方既不能证明孩子的实际需要，也不能证明黄总的实际收入和负担能力。我们只能根据小美老家小镇当地的人均消费水平来计算抚养费了。

我助理把写着每月抚养费3000元的起诉状给小美过目，她无法接受。这样满打满算也只能主张过去黄总拖欠抚养费30来万元，距离200万元一次性了结的期望差距太大。

我耐心地开导她，起诉状不要写一次性支付抚养费200万元的诉讼请求，否则容易吃大亏：一方面，作为原告是要预交诉讼费的，法院收取的诉讼费是根据我方主张的抚养费金额按比例收取的，而法院一般不会判一次性支付孩子18

年的抚养费；另一方面，法院通常不会支持这么高标准的抚养费，诉讼费也不会退。

小美只能接受现实，不再坚持要求黄总一次性支付全部抚养费。我们基于留出谈判调解空间的考虑，把抚养费标准从每月3000元上调到每月4500元，理由是，小美在长三角地区打工，需要把孩子带在身边，生活水平会比在老家高。起诉状请求判令黄总支付过去9年的抚养费总额40多万元，之后每月支付4500元抚养费。这样，小美交的诉讼费就从2万多元降到了4000多元，节省了很大一笔钱。

向法院提交起诉状和证据材料后不久，就顺利通过立案了。一个月后，小美说黄总破天荒地第一次主动给她打电话。黄总先是顾左右而言他，接着对她暴怒狂骂，两人在电话里不欢而散。之后，双方继续发短信互骂，说了狠话。我看小美转发的短信对话，感觉他们对对方的情绪发泄得差不多了，就严正提议小美不要再和他联系，静等开庭。

立案后第三个月，终于等来了开庭传票。开庭前，我们收到了法院寄过来的对方的证据资料，不出所料，是某公司给黄总出具的月工资4000元的收入证明。小美责骂道："他是要眼睁睁地置我们母女俩于死地。"

开庭前一周，法官派书记员来电，问我们有没有调解方案。我方坚持按照起诉状上写明的诉讼请求来调解。黄总通过电话告诉法官，说他过去9年向小美支付了总共接近20万元的抚养费，但没有提交任何支付凭证。从黄总没有根据的说辞，可以看出他有点急躁，让法官给我们压价的意图非常明显，可以推断出，他希望尽快结束官司。

我通过法官要求对方先出调解方案，希望从对方的出价进一步测试出他的真实想法。在他过去已经给了20万元抚养费的说辞基础上，黄总答复，过去的抚养费不愿意重复再给，以后的抚养费可以按每月2000元的标准支付。

小美非常恼火。她对黄总声称给过20万元抚养费的谎言咬牙切齿，也对每月2000元抚养费的出价嗤之以鼻。

05
断绝亲子关系在法律上可行吗

她提出了一个出人意料的方案：黄总可以不给一分钱，但必须在法官的主持下，签订一份与女儿断绝亲生父女关系的协议，需要加上"保证双方老死不相往来，黄总老了也不能向女儿主张赡养义务"的条款。

断绝亲子关系在法律上可行吗？在法律上解除亲子关系，唯一的方法是由亲生父母将未成年子女合法送养给他人。影视作品里断绝亲子来往的声明、血书，或划清界限的表态、"发毒誓"，现有的中国法律都不承认可以起到断绝父母子女间法律关系的效力。

我忍住内心里的好气又好笑，顺着她的话，和她探讨把孩子送给谁养比较好。我提醒她注意，按照法律规定，去民政部门办理合法送养手续时，必须是孩子的父亲和母亲同时到场签字的。小美恢复理智，知道断绝父女关系在法律上并不可行。

我们通过电话回复法院，不同意黄总的调解方案，并声明开庭前不再接受调解。这些调解攻防热身战完成后，我感到一身轻松。我方的起诉应该对黄总形成了很大压力，不管这来自他现在的家庭还是工作。他的压力会使本案解决起来没那么棘手。

打官司就是这样，决战往往在上庭之前、法庭之外。一切准备就绪后，法庭上的唇枪舌剑反而不是最重要的了。

开庭当天，我和助理早早开车到了法院附近的停车场。进法庭前，我们和小美通了电话，预测案件会如何审理、法官会如何判决。

开庭前一刻，我们非常意外地做通了小美的思想工作。她说，事已至此，不是一定要他给多少钱，只是事情要有个了结。她可以接受我提出的50万元一次性了断所有新旧抚养费的调解方案。我在电话里大赞她懂得审时度势，这样的"放下"一定可以给她带来更光明的未来。

法庭上，原被告双方当事人本人都没有到庭，全权委托律师，这是法律允许的。只有离婚案才需要本人亲自到庭。

我们之前准备的所有证据统统没有用上。对方律师只强调了两点：黄总承认自己是孩子父亲，愿意承担支付抚养费的责任；但他目前经济困难，希望协商出一个总额，并允许分期支付。

在法官的主持下，双方律师不停讨价还价，再分别打电话给自己的当事人征求意见。最后时刻，电话里的小美又表现出我非常熟悉的纯良和宽容，同意了对方提出的抚养费总额 35 万元、分四期、三年内付清的调解方案。

双方律师正要准备代表自己的当事人在调解协议上签字确认时，法官提醒说，签订调解协议后，父女两人必须到本法院指定的司法鉴定机构做亲子鉴定，法院拿到鉴定报告后，才会出具盖有法院公章、具有强制执行力的调解书。

双方律师都表示为难。双方都明确承认了亲生孩子的事实，为什么法官还要多此一举要求做亲子鉴定呢？法官进一步解释，身份关系的认定是法院依职权调查的范围，不是双方当事人承认就能够认定的，否则法院很容易被利用来逃避债务、规避责任。现在法院系统内部有统一要求，身份关系的认定必须由相关部门出具有法律效力的文书，而不能光靠双方承认。

我们分别打电话向自己的当事人解释为什么法院要求做亲子鉴定。确实，没有真正血亲关系的两方如果别有用心地到法院打官司承认亲子关系，而法院没有亲子鉴定报告就草率地出具有法律效力的亲子认定调解书，这个法律漏洞就有可能被一方以履行调解书确认的巨额抚养费支付义务之名，将自己的财产合法地转移给另一方，逃避债务、税务等。前者的债权人将无可奈何，后者的逃税行为会让国家蒙受损失。

小美很担心，千里迢迢带女儿做亲子鉴定会让她怀疑自己的身世，影响她的身心健康。这么多年来，她没有在女儿面前说过黄总一句坏话，用很多善意谎言维护素未谋面的父亲的正面形象。这趟亲子鉴定之旅，要怎么向她女儿解释呢？

眼看双方僵持在这个问题上，法官和对方律师都在等我们当场答复。我提醒小美，这可以好好策划，现在应该先答应下来，之后可以争取让双方错开时间鉴定采样、不碰面，避免引起不必要的疑虑。

调解协议有惊无险地签下来了。一周后，我陪小美带着她9岁的女儿去了某大学里双方共同指定的鉴定机构。小美对女儿说，这次出远门是给这所大学的实验室提供一份基因样本，为科学研究做贡献。

鉴定采样过程很顺利。往返路上，陪同她们母女俩的，还有年龄与小美相仿的杨先生。他对母女俩很好，三人温馨甜蜜。瞥见小美隆起的肚子，我恍然大悟为什么小美最后会让步。

为了写这个故事，大半年后，我和李湘老师一起对小美做了深度访谈。她和杨先生成家了，共同生育的孩子刚刚满月。她告诉我们，杨先生离异，前妻以死相逼，不准他再婚。所以，小美和杨先生虽然已经有共同的孩子，但现在还没有领结婚证。

我们很诧异。但从她的解释里，我再次被她的纯良打动，理解和包容爱人，不惜自己吃苦。一个人的命运与性格特质有什么关系呢？我一直在思考这个问题。

五、婚前房产婚后加名，女方离婚时能分到多少

出轨不是法定的离婚事由。法律明确规定的其中一个离婚事由是"有配偶者与他人同居"，其与"出轨"的根本性区别是，"（与他人同居）是指有配偶者与婚外异性，不以夫妻名义，持续、稳定地共同居住"。

01
房产加名，也无法拯救破裂的婚姻

唐大伟，"富二代"。他的父亲老唐是早年来深圳发展的生意人，挂靠在公职单位，逢人便说自己认识许多大领导。唐大伟习得这套社交话术，第一次打电话给我就自称是由我认识的某领导介绍的，这位领导是他父亲的好兄弟。言下之意是，他的案子不容怠慢。

基于律师的职业礼仪，既然是共同朋友介绍的，我自然要接待了。但自始至终，我都没有告诉唐大伟父子，我对那位现在已经高升的某领导印象模糊，更别说有什么联系和来往了。

第一次见面约在律所的会议室。个子不高、中等身材、27岁的唐大伟举手投足间有一种与年龄不相符的江湖味。他尊称我为"飞哥"，说某领导是自己家经常来往的亲戚并推

荐了我。他相信领导的推荐和我的专业能力。

唐大伟收到了法院的传票，是妻子黄娟起诉他的离婚诉讼，案子将在两个月后开庭。

黄娟比他小一岁，两人都没有读大学，年纪轻轻就开始工作。他们在网上偶然认识，加了好友，没说过话，也没见过面。某个深夜，唐大伟刷微信朋友圈，被这位陌生好友的照片吸引，两人就聊上了。

当时黄娟在海南，唐大伟驾驶老唐的宝马车去和她见面。他们当天就发生了关系，开始闪电般的恋爱。适逢年底，23岁的唐大伟满心欢喜地带黄娟回深圳和老家过年走亲戚，期待大家羡慕和祝福他找到这么漂亮的女朋友。

唐大伟说，黄娟显然对唐家的经济实力十分满意，她和家人打电话时总是眉飞色舞。但唐大伟的母亲对黄娟不太满意，比如：他们语焉不详的认识经过很可疑；黄娟的穿着太暴露；她情商不高，说话不够尊重人；等等。

被爱情冲昏头脑的唐大伟根本听不进母亲的反对。春节后，黄娟怀孕了。两人商量后，唐大伟偷走家里的户口本，和黄娟去民政局领证。黄娟和唐大伟觉得闪婚很刺激，这距离他们第一次见面还不到三个月。两人如胶似漆，憧憬着幸福美好的婚姻家庭生活。

面对儿子木已成舟的婚姻事实，唐大伟的父母难以置信，但不得不默许。

黄娟顺理成章地住进了唐家，与唐大伟父母同吃同住。婆婆对她深怀偏见，依然不能接受。怀孕初期，黄娟妊娠反应剧烈，孕六周时莫名反复大出血。怀孕期间，黄娟大部分时间都躺在医院住院病房里保胎。婆婆对黄娟更加看不过眼了，为她带来的麻烦喋喋不休。

黄娟怀孕八个月时，唐大伟开车带着她和公婆一起去黄娟老家。路上发生了严重车祸，婆婆受重伤，黄娟手部两处骨折。黄娟被送回深圳找医院收治，但没有医院和医生敢对孕妇做骨折手术。她维持双手骨折的状态整整50天。等到进产房，她又经历了20小时的顺产尝试。在接近休克时，医院在唐大伟的签字同意下才为她进行剖腹产。婆婆把这一切的不顺，归结为媳妇的过错和她带来的霉运。

黄娟出院后回唐家坐月子。婆媳相互猜忌、提防，随时可能爆发激烈矛盾。唐大伟在她们中间左右为难，最后把小家庭搬到离父母家60公里外他家闲置的房子。

脱离了三世同堂的大家族，24岁的黄娟仿佛挣脱牢笼。出身贫寒的黄娟使唤老公做家务、带孩子，以一家之主的身份邀请乡下的亲朋好友来大城市团聚。

唐大伟的工作需要经常出差，黄娟的姐姐黄秀就在黄娟家住了大半年。两人广交朋友，玩遍小区周边的娱乐场所。夜店里常有她们姐妹俩的身影。小区物业管理处的楼栋管家阿辉和她们经常来往。

唐大伟偶然从邻居和楼下便利店店员口中隐约知道黄娟交友复杂、穿着暴露等流言蜚语。他开始发现，黄娟经常三更半夜还在外面玩。她回应说只是和朋友聚会喝酒，女儿由大姨子黄秀带。

闲言碎语传到了唐大伟母亲的耳朵里。唐大伟大骂黄娟"丢人"。母亲下了最后通牒，必须赶走大姨子，否则她将亲自登门下逐客令。唐大伟预见母亲和妻子一家即将爆发冲突的严重后果，不得不向黄娟传达了母亲的意思。黄娟错愕，愤怒地痛骂那些小道消息传播者的毫无根据和用心险恶，为她姐姐常住自己家辩护。唐大伟不为所动。在他面前一向强势的黄娟眼看自己的说辞不被接受，在姐姐搬走后，言行变本加厉，有时甚至夜不归宿。

两人的关系从干柴烈火到濒临破裂，只经历了短短三年。

在亲朋好友面前，黄娟对这段豪门婚姻再也没有优越感，只剩下迷茫。女儿的2岁生日快到了，临近给孩子上户口的政策期限。黄娟碰巧知道唐大伟要找老唐拿房产证办理女儿入户手续的消息。

他们住的房子登记在唐大伟名下，是老唐在唐大伟满20岁时一次性付清100多万元的全款购买的，现在市值已经涨到了近300万元。为了防止儿子胡乱挥霍，房产证和相关购房资料全部由老唐保管。刚认识唐大伟的时候，黄娟就曾经提议要在这套房产上给自己加名，不然给他生孩子太没有安全感和保障了。唐大伟说房产证在父亲手里，无法做主。

黄娟不停念叨，嫁给唐大伟的这几年，自己辛苦怀孕，为了保胎住院三次、长达半年，生产前后受尽婆婆的嫌弃，难得有机会光明正大地拿到房产证，应该在房产上加名来保障和补偿自己。唐大伟想到黄娟为了与自己结婚和生孩子所经历的这一切，心生愧意。经不起她的软磨硬泡，唐大伟瞒着父母去房管局办理了产权人变更手续,在房产证上加上了黄娟的名字。产权登记为两人共同共有,各持一本房产证。

给房产加名并没有改善夫妻关系。唐大伟听到黄娟更多的风言风语,夫妻矛盾照旧。

加名半年后,夫妻俩参加老唐的寿宴。深夜,黄秀开车到酒店接他们回家。喝醉的唐大伟与同坐后排的黄娟发生了激烈的口角冲突。黄娟随后声称在车上被老公家暴,特地去医院挂了门诊。酒醒后的唐大伟自知闯了大祸,向黄娟道歉求和。第三天,黄娟带着女儿回了娘家。唐大伟数次驱车数百公里到岳父家向黄娟认错和看望女儿。但黄娟一直不肯原谅他。

五个月后,唐大伟收到了法院寄来的开庭传票和黄娟的离婚诉讼起诉状。

02

婚后加名的房产,离婚分割时不一定对半分

唐大伟和几位亲戚一起来我的律师事务所面谈。他们显然是有备而来的,带了黄娟与多个男人的亲密照片和她出入夜总会的视频资料。这些是唐大伟在分居五个月期间向黄娟的闺密和玩伴施以小恩小惠后拿到的。

黄娟起诉状的诉求是:离婚,要求孩子抚养权和每月

3000元抚养费，要求房屋市场价的六成和精神损害赔偿费5万元。

唐大伟一家的诉求是利益最大化，特别是房子。老唐说："这是我奋斗一辈子积累下来的家族财富。现在黄娟想分走一大半，我们坚决不答应。"

我问唐大伟当时给黄娟加名的细节，他红着脖子说："就是被她骗了！她处心积虑，刚认识不久就跟我提房子加名。她很会闹！"

当追问对方具体怎么骗、怎么闹时，唐大伟似乎被冒犯了，音量提高了很多，强调黄娟嫁给他就是为了骗房子。

我耐心地向他解释，指控妻子涉嫌诈骗罪没有成立的可能：一是已经登记结婚，二是共同生活了三年多，三是生了孩子；司法实践中，这种情况没有构成诈骗罪的先例。

我希望通过询问房产加名前后的细节衡量有没有可能向法院申请撤销这个加名的决定。比如：如果能证明黄娟在微信上说过"不给加名，我就和孩子一起跳楼自杀"等信息，就可以构成胁迫；或者，如果对方假装再次怀孕，声称不加名就不想生二孩，这可能构成欺诈。如果唐大伟是在受胁迫或被欺骗下做出加名行为，而不是内心的真实意愿，他在一年内是可以向法院申请撤销的。

很显然，唐大伟没有任何受欺诈和胁迫的证据，只是事后推理，把黄娟疑似早早策划、胸有城府的种种细节做罗列，斥责她狡诈。这套逻辑在法庭上基本没用。

我打断唐大伟的指责："这个案子很难办，房子大概率会被判五五分，需要做好心理准备。你们全家期望值这么高的话，我接这个案子压力会很大。我可以试试，但收费也会比较贵。同时，我们要风险共担、利益共享。现在对方要房子的六成，如果我能帮你打掉一部分，你需要分我一定比例做律师费。"

这种律师收费方式叫"风险代理"，允许律师和当事人书面约定，律师为当事人实现了约定的利益或实现了特定的诉讼效果后，当事人按一定的比例或金额支付律师费。如果输了官司，或虽然赢了官司但不能实际执行财产，律师不收取这部分风险代理的律师费。

风险代理通常适用在法律规定缺失或模糊的复杂案件上。因为判决结果具有不确定性，工作难度大，常规的律师工作投入无法实现。风险代理机制可以调动律师最大的积极性，争取案件往己方有利的方向发展。当判决结果与当事人、律师都休戚与共时，双方的信任和协作度也会更高，有利于律师工作的顺利开展，实现双赢的结果。

婚姻案件能不能实行风险收费呢？相关法律法规和行业规范经历了"禁止—放开—再禁止"的转变。在改革开放初期，国家曾经禁止律师在婚姻案中适用风险收费，认为婚姻继承案件按风险代理收费不利于维护家庭和睦、有违善良风俗，容易引发道德风险，不利于社会和谐和公共利益。后来，国家一度放开了包括婚姻案件在内的民事诉讼律师收费管制，交由市场自由决定。离婚案件中的财产分割部分可以实行风险收费。唐大伟找我代理离婚案件时，正处于这一放开时期。

但 2022 年，国家又出台了一律禁止婚姻继承案件律师风险代理的一刀切新规定。

风险收费对律师来说有两大风险：一是，案件输了、为当事人争取不到财产的话，自己就没有收入；二是，很多案件即使打赢了，但无财产可供法院执行，不能实际回款，空有律师费合同上的数字也是徒劳。

风险代理收费分为全风险代理和半风险代理。全风险代理就是俗称的"打赢官司才收钱"。但唐大伟的案件，我不可能给他做全风险代理，只能接受半风险代理。半风险代理就是律师介入时先收前期的律师基础费用，不然案件存在败诉风险，后期风险代理的律师费用如果落空，律师等于白干。

我报出了很高的前期基础费用和很高的后期风险收费——律师帮忙打掉利益部分的 30%。我举例说："这个房子的市场价值是 300 万元，现在对方当事人黄娟要求六成。如果结果是黄娟能分到两成，这意味着我帮你打掉了四成，为你争取到 120 万元的利益。你要支付的后期风险代理费就是 36 万元（120 万元 × 30%）。"

唐大伟和亲戚们眼睛发亮，异口同声地问我有没有把握让黄娟只能拿到房屋价值的两成。我希望他们降低过高的期望值："没有。以目前了解到的情况，我最多只有五六成把握。"

奇怪的是，他们没有表现出对高昂律师费的顾虑，没有讨价还价，很快就同意了这个报价方案。第二天，唐大伟一个人来签署了法律服务合同。

虽然接到一个高律师费的案子，但签了合同后，我没有意外的喜悦，反而开始不安。我提出超高的报价和坦白自己没把握，本意是想让唐大伟一家知难而退，没想到却成案了。

我向唐大伟一家举例可以打掉黄娟主张房屋价值的四成，让她只能拿房屋价值的20%，并非信口胡说。对于婚前全款购买、婚后给配偶加名的房屋离婚时怎么分割的问题，国内没有明确的法律规定，司法实践中的判法五花八门。我需要参考司法实践中对己方有利的真实类案打这个官司，而能够找到对男方最有利的类案的判决结果就是两成。

在（2020）浙01民终4427号案中，杭州市有一对夫妻，结婚前，远在农村的男方父母拿出了一辈子的积蓄，在亲朋好友的帮助下，凑足107万元，一次性付清房款买了一套房子。买房后第二年，两人结婚，男方在房产证上加上了妻子的名字。夫妻双方共同出资45万元对房屋进行装修，又花了7万元买了一个停车位。两人一起还清了男方婚前为了买房欠下的12万元债务。五年后，男方有了外遇。双方在法院调解离婚，当时急于离婚，对夫妻共同财产没有进行分割。

女方后来向前夫提起离婚后财产纠纷诉讼，要求分割所有的婚内财产，包括要求判令这套婚前全款购买、婚后加名和共同出资装修的房屋归女方所有。男方婚前107万元买下的房屋，当时已经涨到了约337万元，女方愿意按照房屋价值的40%补偿给男方。

一审法院认为，案涉房屋由男方婚前出资购买，离婚后一直由男方居住管理，该房屋应当归属男方所有，由男方给付女方相应的折价补偿款。对于折价补偿的具体数额，考虑到房屋由男方婚前个人出资，婚后给女方加名的目的是为了增进夫妻感情、加强彼此信任和巩固夫妻关系，婚后双方共同清偿了购买此房所负债务12万元，以及二人结婚时间长短等因素，法院确认由男方给予女方房屋市场价值的20%（即约67万元）的补偿。当年45万元的房屋装修和7万元的车位，也归男方所有。根据双方在法庭上一致确认的装修折旧残值30万元和车位现有价值15万元，按均等分割原则，由男方补偿女方22.5万元。

女方不服，上诉到杭州市中级人民法院。她认为房子在没有约定份额的情况下，应视为各自拥有房产一半的价值。婚后双方共同装修、买车位、归还购房借款，加上男方有外遇在先，应当适当照顾无过错方和未成年子女的利益，一审判决有失公平。

男方反驳，房子加上女方的名字是有条件的，条件是女方作为妻子能和自己长期稳定地共同生活。房子是自己全款购买的，女方对房屋的贡献较小，一审判决在女方没有任何出资的情况下依然给予女方20%的折价款，已经很照顾女方了。

杭州市中院审理后认为，共同共有财产的分割应考虑共有人对财产的贡献大小等因素。案涉房屋系男方于婚前购买并付清全部房款，且在双方离婚后仍由男方居住管理，在双方均主张房屋所有权、男方明确表示不同意竞价的情况下，一审法院确定由男方取得房屋所有权，并无不当。同时，结合男方婚前付清房屋全款、婚后夫妻双方共同偿还债务的数额、结婚时间长短等因素，一审法院判令由女方取得房屋20%的份额，由男方以双方认可的房屋价值为基数给予女方相应折价款，应属合理。二审法院驳回了女方的上诉，维持了一审判决。

然而，上述个案的判法没有全国范围的代表性。全网检索同类案件后发现，婚前全款买房、婚后加名的离婚房产分割纠纷只有在江浙沪地区才可能判被加名方获得20%的份额。而本案所在的珠三角地区，过往案例几乎全部判五五分。

我没有太大把握能够打到20%，只是江浙沪地区的法院判决理由，给了我很重要的启发：庭审可以着重强调我方的出资贡献、我方的居住管理历史、结婚时间长短，加名时间与诉求离婚时间接近，和我方加名赠与的本意是附有维持婚姻的先决条件等因素。但这些辩驳点全部加起来，我仍不能保证可以说服法官改变珠三角地区一贯以来五五开的判法。

03
"出轨"不是法定离婚事由

我一直向唐大伟和他的家人提醒房产可能判五五开的风险。唐大伟换了几拨人来和我研讨诉讼策略。他们不死心，反复问我有没有确保黄娟拿不到房子五成的方法。我强调没有万无一失的合法应对策略。

这是律师执业规范要求的规定动作，也是律师保护自己职业声望的起码要求。客户挑选律师时，最重要的是看对方有没有告知案件存在的风险，提示得越多、越全面，通常这位律师越专业。如果对方随便打包票，那就要小心了，这很可能是冒牌律师，或没有经验、不负责任。

经过我的咨询和分析，唐家为了实现保住房子大部分份额的目标，决定采取"一拖二调"的诉讼策略。

拖着不离婚，或者让离婚官司变得漫长，是常见的招数。能不能迫使原告在财产方面让步，取决于原告急不急，是否耗得起长达两三年的持久诉讼战。

唐大伟打听到，黄娟连立案要交给法院的1万多元诉讼费都是借的，聘请律师花的几万元应该也是借的，她肯定急着通过离婚官司拿到钱。

被告不同意离婚，诉讼就要多次发起，这是离婚案件独有的现象。判决离婚的条件很严苛，奉行"感情确已破裂，无和好可能"的裁判标准，高度依赖法官的主观判断。很多法官不敢轻易认定，得罪不愿意离婚的一方。国内出现过不少当事人喝农药等以死相逼要求法官不判离的事例。轰动全国的湖南衡阳县法院五次判决不准离婚的个案中，不愿意离婚的男方在每次庭审中喊打喊杀，扬言如果判离就报复社会、报复法官、报复女方。最后法院借助和顺应汹涌澎湃的社会舆论，才判了准予离婚。

判决离婚有没有不依赖法官个人好恶的客观标准呢？法律条文上客观的离婚法定事由有六项：一是重婚或与他人同

居；二是实施家庭暴力或虐待、遗弃家庭成员；三是有赌博、吸毒陋习屡教不改；四是因感情不和分居满两年；五是一方被宣告失踪的诉讼离婚；六是第一次被判决不准离婚后又分居满一年。

这六大客观的法定离婚事由的证据要求和证明难度都非常大。

以"因感情不和分居满两年"为例，很多人误以为很容易证明，但婚姻律师最头疼的恰恰是此事由：要如何证明分居事实？如何证明是因感情不和而分居？如何证明分居时间满两年？在同一屋檐下分房、分床睡都不算分居。如果不能让对方明确承认双方因感情不和分居，那就要有两年前的吵架证据，两年前离家出走的机票、火车票等交通证明，还要有两年以上在外租房的合同、每月交租金和水电费的转账记录等。

在这两年里，不能给对方留下回过家、看过孩子的证据，否则很容易被对方拿到法庭上作为证据，让法官有理由相信双方的分居并不是持续的，导致证明分居的努力前功尽弃。这些证据的搜集和固定都太难了。尤其对已育有孩子、有共同房产、工作事业在同一城市的夫妻双方来说，只要一方故意为难、拒不承认因感情不和而分居，并小心防范、不留证据，主张离婚的另一方想要证明"因感情不和分居满两年"，往往是不可能完成的任务。

黄娟起诉离婚的案件之所以存在我方不同意离婚就能拖着不离的可能，是因为我判断黄娟没有证据证明存在上述六大法定离婚事由中的任何一个。

黄娟诉称唐大伟出轨了。单纯的"出轨"是法定的离婚事由吗？

不是的！

法定的离婚事由是"有配偶者与他人同居"。《民法典婚姻家庭编解释（一）》第2条进一步说明："与他人同居"的情形，是指有配偶者与婚外异性，不以夫妻名义，持续、稳定地共同居住。

持续、稳定共同居住多长时间，才能构成"与他人同居"这一法定离婚事由呢？国家层面的法律没有进一步明确规定，司法实践中也没有形成统一的标准。

2001年，广东省高级人民法院曾经出台过一个指导意见，规定"有配偶者与他人同居是指有配偶者与婚外异性共同生活，关系相对稳定，且共同生活的时间达到3个月以上"。虽然这个指导意见已于2020年因故被废止，目前无法找到法律上对"共同居住时间"的硬性规定，但同居要达到"持续性"的法律仍在，司法惯性决定了"3个月以上"的旧规定仍会成为法官的重要参考。

司法实践中，除非出轨方自己承认，否则另一方很难收集到对方持续出轨数十天的证据。如果出轨行为只是偶尔的、间断性的，则在法律上并未达到"同居"的程度，不构成法定的离婚事由，而只是法官衡量影响夫妻感情的一个酌定因素。哪怕出轨方明确承认存在出轨行为，或出轨的证据非常充分，法院判决不准予离婚的判例也比比皆是。

同理，如果一方单纯的出轨行为没有严重到"持续、稳定的共同居住"，也不构成法定的精神损害赔偿事由。被出轨的一方诉讼离婚时主张精神损害赔偿，往往难以得到法院支持。

《民法典》生效前，出轨也不影响夫妻共同财产的平均分割。所以，影视作品里"出轨就净身出户"的桥段是很不负责任的。做婚姻律师多年，我经常遇到当事人问"是不是对方出轨，我就可以要他净身出户"。这是社会大众对婚姻法最大的误解和谣言。

《民法典》生效后，出轨会影响财产分割吗？

目前情况不太明朗。

《民法典》规定，在夫妻财产分割时增加"照顾无过错方"的原则。这个原则为法官判决出轨者少分或不分财产留出了空间和余地。但有多少法官敢运用，就很难说了，我持保守态度。按照原有的司法惯性和法官群体趋利避害的裁判心理推测，光靠一条模糊的法律规定，出轨事实是无法影响离婚财产的分割的，除非最高人民法院出台新的明确的司法解释规定。

黄娟指控唐大伟出轨的唯一证据，是她提供的一段电梯监控视频。画面显示唐大伟深夜12点带一名异性回家，约两小时后，二人一起乘电梯离开。

黄娟是怎么拿到这段视频的？这段视频能不能作为证据使用呢？

唐大伟断言，这个视频一定是物业管家阿辉非法调取并允许黄娟当场用手机对着监控屏幕翻拍的。他很生气:"我要告物业公司!视频里我什么都没干。我和那位异性没发生什么对不起黄娟的事情。"

我从证据学的角度分析:在证据的合法性方面,这份视频来源不明,视频的原始载体也不明,明显是翻拍的,没有录制监控部门的合法证明;而在真实性和关联性方面,从视频内容来看,两个人并没有任何亲密暧昧举动,只显示出两人凑巧一起坐电梯而已,通过视频无法得出被告存在出轨行为的结论。

在出轨问题上,法官完全站在了我们这边。法院判决书采信了上述质证意见,没有认定唐大伟存在出轨甚至"与他人同居"的行为,无须进行离婚时的过错赔偿。判决书原文写道:"法院认为……原告提供监控录像只能证明被告与其他女子关系密切,现原告无法证明被告有民法典第一千零九十一条规定的应予赔偿的行为……"

但本案最终的判决结果让我不得不深思,这个被我驳得毫无价值的翻拍视频证据,真的没有对法官的裁判形成影响吗?这是后话了。

04
家暴的认定标准

　　黄娟的如意算盘是一次性快速判离。出轨控诉不能成为离婚的法定事由，她和她的律师一定也知道。她只能控诉唐大伟的家庭暴力，家暴是法定的离婚事由。开庭前，我收到黄娟提供的家暴证据副本。最强有力的一份视频证据是，老唐生日当晚行车记录仪记录下的唐大伟和黄娟的冲突全过程。视频里能清晰地听到二人激烈的争吵声，伴随着"砰"的一声，黄娟大叫"你他妈的打我"，唐大伟回应"我打你又怎么样"，随后出现女儿的哭声和司机黄秀劝阻的声音。另外，黄娟还提供了被打后第二天去医院就诊的病历本。

　　家暴的认定非常严苛。我们团队研究讨论了很久，我最终对这些证据写出的书面质证意见重点放在家庭暴力的后果严重性上："我方对这些证据的真实性认可，但对证明内容和关联性有异议。录音对话清楚表明，在我方醉酒状态下，原告用言语刺激，说'妈的谁不笑你，喝两杯尿就在那里鬼叫'，是原告故意挑衅引发的冲突。根据病历显示，这次冲突没有产生任何身体上的可见伤害，连瘀青、表皮擦伤都没有，所有的家庭暴力指控都是原告的一面之词，这些证据无法证实。"

　　夫妻之间只要有打骂行为，就一定构成法律上的家庭暴力，要承担家暴的法律责任吗？这个问题是有争议的。我国的《反家庭暴力法》第二条规定：家庭暴力，是指家庭成员之间以殴打、捆绑、残害、限制人身自由以及经常性谩骂、恐吓等方式实施的身体、精神等侵害行为。根据这一条，家暴的认定不要求后果严重性。

但《最高人民法院关于适用〈中华人民共和国婚姻法〉若干问题的解释（一）》（以下简称《婚姻法司法解释（一）》）明确规定，"造成一定伤害后果的行为"，家暴才成立。

我希望利用立法部门和司法部门的意见不统一，把法官的注意力引导到打骂行为的后果上，所以在法庭上反复强调原告没有证据证明受到实质性的伤害。

庭审结束后，我向法官提交的代理词也是沿着这个思路尝试推翻黄娟的家暴指控的："这次冲突的导火线是原告用伤害男人自尊的言语刺激，被告在酒精作用失控状态下出现不当言行，被告对自己的所作所为深表歉意和后悔不已。但冲突是事出有因、情有可原的，也是非常常见的夫妻争吵。被告酒醒后也极力挽回和安抚原告，多次反复表示愿意悔过自新。这次事件对双方的感情产生了一定的伤害，但不至于构成感情完全破裂、无法修复。与夫妻间偶尔吵打等一般的家庭纠纷相区别，家庭暴力具有隐蔽性、长期性、反复性、后果严重性等特征。被告虽然对原告有粗鲁动作，但是属于绝无仅有的偶然，也是无任何严重后果的非身体暴力冲突，与家庭暴力的性质相去甚远。"

我关于家暴的辩论意见最后被法官在判决书里完整采纳。法官还额外加入了他自己对家庭暴力的理解："本院认为……虽然被告有打人的行为，但现有证据不足以表明被告具有通过暴力控制原告的主观目的，也未能证明被告对原告造成了严重的伤害，因此，本院对原告主张被告实施家庭暴力造成原告精神损害不予采信。"

这位法官对离婚案中家庭暴力的定义更严苛，不但要求有严重伤害后果，还要求原告证明被告的打人行为是出于控制原告的主观目的。也就是说，该法官认为，构成婚姻法意义上的家庭暴力法定过错，必须是精神控制类型的家庭暴力。

我非常理解法官不轻易认定家暴成立的苦衷和这背后的司法克制。

家暴一旦被认定成立并写入盖有法院公章的判决书，不仅会构成法定的离婚事由和需要精神损害赔偿，原告还可以凭判决书要求被告的工作单位处分或开除被告，甚至诉诸网络、媒体等公共舆论场。这一系列可能的道德谴责、违反党纪国法的指控和法律责任的惩罚将一体性地施加在个体身上，会对其造成毁灭性的打击。这远远超出两个人的婚姻关系范畴了。

所以，司法实践中，多数法官对家暴的成立都要求原告证明被告导致了严重伤害，以区别于一般的夫妻打骂争执。

05
谈判

唐大伟选择的"一拖二调"诉讼策略是否可行呢？

前期做好出轨和家暴问题的应诉准备后，我看到了唐大伟"拖"策略的成功希望。但是房屋五五开分割的"地雷"依然存在。黄娟是不是真的像唐大伟说的那样急着拿到分割房子的钱呢？如果黄娟执意要分到房子一半以上的份额，她大不了多等一两年。

我再次向唐大伟一家提示房屋分割的风险。他们决定委托李湘单独接触黄娟，试探她的真实想法，寻找庭外解决的契机。

我们开始着手准备与黄娟的电话通话，李湘最终确定了四个要点：

一是传达唐大伟和老唐誓死捍卫房产完整的决心。他们很可能会不择手段地一直拖延。除了唐大伟不愿意离婚，老唐还会作为原告起诉唐大伟和黄娟，以房屋代持、借名买房关系为由，要求两人返还房屋或赔偿老唐的出资投资损失。老唐已经多次向我们团队表达这个想法，目的不是要赢，而是通过不断提起另案诉讼，阻止本案继续审理房产分割问题，消耗黄娟的青春、精力和金钱。

二是讲解房屋份额判决规则。在房产价值无法达成一致意见的情况下，法院判决只会确认原告拥有这个房屋的多少份额,而不是直接判决能从我方拿到多少钱。黄娟急于通过离婚诉讼拿到现钱的希望是会落空的,除非愿意和我方调解处理。大家好好谈,我方可以考虑给一个合适的补偿方案。

三是案涉房屋可以共同赠与女儿。如果黄娟配合让女儿做亲子鉴定,结果确认是唐大伟亲生的,我方愿意把房屋过户到女儿一人名下,居住权也归女儿单独所有。黄娟可以共同居住,照顾女儿。但不允许黄娟在房屋里再成家。

四是告知江浙沪地区一方婚前全款购买的房产,另一方婚后加了名,离婚时也只能分20%的判例,并把相关微信文章转发给黄娟。

李湘拨通黄娟的电话,一开始使用共情的方法,说自己也有孩子、有婚姻,理解强势的唐家让黄娟受的委屈,站在黄娟的角度,担忧她和女儿会再次面临老唐的冲击。

黄娟情绪激动,哭诉她在唐家四年没地位、被公婆排挤的种种遭遇,怀孕时为了保胎三次住院的惊心动魄,而唐大伟没主见、不维护她,她独力养育女儿非常不容易,不会放弃女儿的抚养权。她坚称咨询了很多律师,肯定能分到房产的至少一半。黄娟的思维很清晰,看似只是在发泄情绪,但最后不忘提醒我们,她对案件有十足的把握。

李湘顺着黄娟的话,引导她站在女儿的角度想,培养孩子和唐家的感情会更有利于女儿今后的人生发展。但黄娟明确表示,不愿意牺牲自己的房产权益,换取女儿与唐家的良好关系。

提到唐家要发起一系列诉讼拖累,黄娟毫不动摇,坚持维护自己的权益。

黄娟不同意把房产全部过户到女儿名下的提议："唐家在这个城市有好几套房产，我为他家生了孩子，这半套房我要定了！"

法律利益不让步，道理人情说不通，调解之路几乎走到头了。李湘最后根据唐大伟的指示，提到我方手上有她与婚外数个男人之间的暧昧视频、照片和聊天记录。我们出于善意提醒黄娟，唐家是不会善罢甘休的，我们律师团队不希望双方身败名裂、两败俱伤。黄娟未置可否，后来也没有任何回复。

谈判过程全程录音，即时发给了唐大伟。他很生气："黄娟就是死猪不怕开水烫！"唐大伟之前自信满满地以为能拿捏黄娟。他其实没明白，出动李湘介入谈判完全是因为我们在法律上难赢。

06
胁迫所得的证据，没有法律效力

庭前调解失败后，我们开始转入开庭前的最后准备。就要不要搜集和提交黄娟出轨证据的问题，我和唐大伟起了很大的矛盾。

唐大伟手上有黄娟在酒吧和酒店房间里与不同男人的暧

昧合照，也有从黄娟的玩伴和闺密处要到的黄娟承认与这些男人疯玩和相爱的聊天记录。

我反复提醒唐大伟，如果他是想以感情没有破裂为由拖着不离婚，这些证据不利于实现目的。能够证明对方出轨、行为不检点的证据，对方可以用来说我方无端猜测，双方已失去信任，没有和好可能，进而主张双方感情荡然无存，增加一次性判离的风险。

唐大伟不甘心，甚至想找到管家阿辉，逼他证明和黄娟有不正当关系。

我明确反对他这么做，因为这很容易构成胁迫，不但所取得的书面证言没有证明力，而且如果他和阿辉起冲突，甚至可能构成非法拘禁、故意伤害的违法犯罪行为。作为律师，我负不起这个责任。哪怕这些出轨证据被采信，出轨的法律后果基本没有，花大力气收集这些证据，只会徒劳无功。

我在电话里再三声明这个行为与我无关。唐大伟对我的严厉措辞和反对态度很不解。我们律师和客户之间的信任开始出现裂痕。

他不顾我的反对，带着几个弟兄去找阿辉。不出所料，阿辉只肯写保证不再与黄娟来往的承诺书。唐大伟要求他再写下和黄娟有不正当男女关系的文书，阿辉不肯，还报了警。幸亏唐大伟一伙人没有动手，对方没有证据证明使用了胁迫手段。警察把他们带回派出所，简单问话后就放了。

唐大伟把阿辉写的承诺书给我，我说："这份承诺书根本没有用。黄娟生活不检点的证据都不能提交，除非你放弃不愿意离婚的立场。鱼和熊掌兼得，我办不到，也不知道要怎么对这个官司负起责任来。"

开庭前一天，唐大伟才勉为其难地同意不提交黄娟出轨的证据，答应在法庭上不提她出轨的事情。唐大伟对这个逻辑依然无法完全信服的状况，让我很担心开庭时我和他的发言和态度会很分裂。

开庭当天，老唐亲自带了一帮人分两辆车前往法院，把法庭内的旁听席都坐满了。

后到的黄娟和她的律师进来看到这场面，在庭审正式开始前，向法官口头申请不公开审理。旁听席上的所有亲友都要出去，不得旁听庭审过程。

庭审还没开始，双方已经剑拔弩张。这注定是一场恶战。

在常规法庭调查的举证质证环节，双方都准备了书面的证据清单和质证意见，很快就过了一遍。

法官主导发问，先问了双方相识、恋爱结婚及婚后感情的基本情况，接着重点围绕原告控诉的家暴情况，逐一询问原告这几次冲突的起因、经过、受伤情况和相关的证据，问我方对原告的陈述是否认同和我方具体的质证意见。

黄娟哭诉自己对唐大伟充满恐惧，如果还不判离婚，她哪天真的要自杀了。唐大伟终于没忍住反唇相讥，一个劲儿地控诉黄娟骗他家的房子、水性杨花。我几次都拦不住他的发言。

高潮出现在庭审的第三个小时。对方律师提请法官传唤证人黄秀出庭作证，证明她了解到的三次家庭暴力情况。法官准许证人出庭,并要求证人作证时原被告双方不得发言。穿着白色连衣裙的黄秀进入法庭,法官开始对她发问。

黄秀陈述目睹被告唐大伟三次对原告黄娟实施家庭暴力的情况:第一次是唐大伟因为家庭琐事在家中与黄娟产生纠纷,将黄娟从床上抱起扔在地上;第二次也是在家,唐大伟因被黄娟指责有外遇,动手掐住黄娟的脖子导致其呼吸困难;第三次是老唐生日宴后,唐大伟在车上扇了原告一巴掌,并打了原告的头一拳。

对于黄秀出庭作证,我们早有预料。法官让她退庭后,我方从容地发表了质证意见:

第一,该证人与原告是亲姐妹关系,证言存在偏帮偏信的成分。

第二,原告在多个场合和她的亲友说过,等这个离婚官司搞到钱后,她就给大家分钱,包括给姐姐黄秀分钱。所以,该证人与本案有直接的利害关系。

第三,证言内容有诸多不合情理之处。其一,原告控诉的三次家暴过程中,原告的姐姐均在场成为目击证人。以被告矮小、瘦弱的身材,他肯定打不过原告和证人两姐妹。而且为什么原告指控的全部家暴都当着被告的大姨子的面进行?如果被告真的有家暴倾向,应该选择在原被告两人独处时实施家暴,才更符合常理。其二,如果真的存在证人所说的掐脖子这么严重的暴力行为,已经达到会出人命的程度,亲姐姐为什么不制止和及时报警?为什么事后没有寻求双方父母的介入处理?其三,原告方指控的第三次家暴发生在车上，当时证人正在高速路上开车，当时是晚上，车里一片漆黑，证人是怎么能够及时扭头看到后座上的打斗的？证人说清楚目睹被告的一掌和一拳，根本不可能。

第四，证人长期借住在被告家中，被告对这位传销诈骗官司缠身，经常带着原告出入各种夜总会、KTV等娱乐场所的证人曾经多次表达强烈不满。被告和证人有长期矛盾，不排除证人是恶意报复，其证言不可信。

我相信黄秀确实可能曾经看见妹妹和妹夫之间的一些摩擦，但她的证言急于吸引法官的注意力，经不起推敲，最后导致法官在判决书里认定所有的家暴指控全部无法成立。

家暴问题的审理占据了庭审90%的时间。此部分结束时，法院的中午下班时间已经过了一小时。大家都很疲累，但财产问题和孩子抚养权问题还没有涉及。法官分别只花了两三分钟，了解房产加名的前因后果及孩子的一些情况，就草草宣布休庭了。

庭审法官如此快速地处理房产和孩子抚养权问题，应该不会判离。统计数据表明，第一次诉讼离婚如果没有涉及法定的离婚事由，超过90%的法官都是判不离的。如果要判离，财产分割和孩子抚养权问题会是法庭审理的重点，必然要同时处理。但这位法官没有重点审这两个方面。根据经验和逻辑判断，我们拖延离婚的策略应该会成功。我当着唐氏父子及其随同亲友的面，说了上述推测。

休庭半个月后,一审判决书出来了,第一项裁判结果完全出乎我的意料:法院判决准予离婚。理由是双方婚前没有充分了解,感情基础薄弱,婚后未能建立良好的夫妻感情,也没有处理好家庭关系而引发家庭矛盾,导致双方分居,无法调解和好。

但家暴和出轨都没有认定,所以精神损害赔偿这项请求被驳回。

房产分割因此没有支持原告六成的主张,而是毫无悬念地判了各占50%份额。

孩子抚养权归女方,抚养费判了1500元/月,没有支持女方3000元/月的请求。

把判决书发给唐大伟后,他们气愤地要求我上诉。我坦言二审改判的概率很小。唐大伟在电话那头很激动,说我们当初就应该把黄娟出轨的材料作为证据提交,这次上诉一定要补交上去。

我一边答应他,一边重复之前的观点,这些证据在法律上意义不大,如果目的只是羞辱黄娟,则另当别论。唐大伟质疑我为什么老是泼他冷水。我没有继续争论,听他发泄完后,我表态说会按他的意思写上诉状。

等我把上诉状写好后,他说不用我代理上诉了。

我很错愕,要求他来律所面谈。在会议室,我把和他之前签的律师法律服务合同拿出来,指出里面的收费条款:"你中途换律师,我表示尊重。但这次我帮你打掉了房产的一成,你需要付我这部分的风险代理律师费。我希望你现在就结算,这样我们就可以把这个协议解除。不然二审如果赢更多的话,根据协议约定,你要给我结算更多的风险代理费。"

唐大伟开始攻击道:"这份协议很不合理。我现在找的律师收费比你便宜多了,也不会像你这样收风险代理费用。"

我说:"你认为不合理的话,签协议的时候为什么不提出呢?"

他支支吾吾:"我没看清……"

我回想起刚接下这个案子收了不菲的律师费时自己没有喜悦感甚至感到不安的场景。这一下,我全明白了。不用代理他的二审,我突然轻松下来。

后来,我没有关心这个案件上诉的结果,律师费问题也移交律所处理了。

六、协议离婚的陷阱

情侣吵架时,男方给女方白纸黑字写协议说:"我一个月后无条件赠与女方100万元。"一个月后,男方不赠与,女方能不能起诉要求男方切实履行书面承诺呢?法律规定,在100万元没有实际给予女方之前,男方可以单方面反悔。

01
精心策划的协议离婚

舒媛,出生于中部地区一个小镇的普通人家,在充满暴力和谎言的家庭长大。父亲常年出轨,母亲为了舒媛和她哥哥而没有离婚。父亲经常打骂母亲,母亲游走在逆来顺受与歇斯底里的反抗之间。舒媛的青春期过得非常压抑。漂亮的她不敢接受别人的追求,对男女亲密关系的认知比同龄人更浅薄和负面。她希望通过努力学习考上大学,远离这个充满战争、没有温暖的家。

舒媛顺利被省会城市的大学录取。大一的她冒充大四毕业生参加年底的校园招聘会,希望提前了解就业需求,让大学四年有清晰的努力方向和奋斗目标。她没想到,这个大胆而上进的举动招来了长达五年的孽缘。

打扮精致的舒媛来到熙熙攘攘的体育馆招聘会现场，在几家建筑公司的摊位前排队面试。应聘的过程，舒媛回忆不起来了。她只记得某家公司的面试官中有一位年纪似乎比她大几岁的瘦弱男性一直盯着自己，轮到她时，他刻意没话找话地聊了几句，主动加了她的微信，说方便第一时间告诉她结果。招聘结果不了了之，两人开始在微信里有一搭没一搭地闲聊。

这位面试官叫张峰，比舒媛大7岁。他所在的建筑公司在省会城市赫赫有名，老板就是张峰的父亲老张。小镇长大又不谙世事的舒媛在心里默默地给他加分不少。如果没有这层背景，以张峰的精神气质和身材相貌，她是无论如何都不会被吸引的。但她还不知道张峰的原生家庭同样充满暴力、谎言和不伦。

大学的第一个寒假，舒媛回到剑拔弩张的家。父母发生了激烈的争吵，在厨房切菜的母亲冲动之下用菜刀自残。舒媛急忙送母亲去医院，忙到深夜已身心俱疲。张峰的微信来得及时，舒媛太需要释放了，她开始倾诉父母的种种。

张峰安慰她，坦陈自己原生家庭的不幸："我父亲也是出轨惯犯。父母在我很小的时候就离婚了。父亲娶了后妈之后出轨习性不改，经常用年幼的我做掩护，以旅游、出差之名在外面玩女人。我见过他的很多女人。他经常在酒店开两间房，一间是他和他的女人住，我一个人住隔壁，不时听到墙后男女欢愉的声音。周末和寒暑假，我经常是这样熬过来的……"同病相怜的两人聊到天亮。出身豪门的张峰毫无保留地分享私密的成长经历，舒媛充满感激与怜悯。这两种情感构成了舒媛误以为的爱情底色。

舒媛的父母继续冷热暴力战。他们没有意识到，这样把女儿加速推出了这个家。舒媛心不在焉，早已感受不到过年的节日气氛。学校还没开学，在张峰的怂恿下，舒媛随便找了个提前返校的理由去找张峰。

张峰信誓旦旦地保证会好好爱舒媛，呵护她，让她免受伤害，绝对不会像他痛恨的父亲那样。舒媛很感动，相信了他的承诺。

两人却开始相互猜疑。舒媛是众人眼里的大美女，落落大方、高挑舒展。张峰的家庭出身虽然让人羡慕，但身高和气质上两人很不般配。张峰总是不放心，审查与她联系的每位异性，限制她和闺密来往。他们相互盯着对方的微信好友、微博关注者，不放过对方和外界交往的每个疑点。

大半年后，他们因为猜忌起争执，第一次闹分手。舒媛发现张峰的微信添加了很多附近的女生，微博关注了很多异性朋友。她拜托做警察的哥哥查到了张峰一连串的开房记录。舒媛拿着开房记录的截图找张峰对质。他解释说是为了掩人耳目给父亲开房。舒媛很纠结，不知道应不应该相信他。

舒媛的父亲从儿子那里第一次得知女儿和张峰恋爱与闹分手的事。他极力反对舒媛远嫁东北籍的张峰。舒媛一再解释张峰家的事业会在这个省会城市继续长远发展，父亲还是接受不了女儿毕业后不回家乡的打算。父亲总是打骂母亲，但很宠舒媛。

舒媛一直抗拒这种带有强烈控制欲的父爱。她回忆："虽然爸爸客观分析了张峰的种种问题和跟他在一起的利弊，但我就是不愿意听他的。他自己的婚姻生活过得一塌糊涂，凭什么对我的选择指指点点？难道要让我过得像他或妈妈一样吗？我再怎么差，也不会比我妈的命运更惨吧？"父亲的干预适得其反地把叛逆的女儿推向了张峰。

很快，大三的舒媛怀孕了。在彩礼问题上，双方家长闹得很不愉快。肚子隆起的她不顾家人的反对，穿上婚纱，走进婚礼。

婚礼上，张峰激动痛哭。舒媛抱着他哭。在鲜花、掌声、音乐和戒指同时出现的那一刻，她真的以为，张峰的哭是走出原生家庭悲剧、走向幸福美满新家的誓言。

生活迅速归于平淡。舒媛被老张安排到张峰的上班地点做实习生。

舒媛每天早上9点准时上班打卡。张峰每天睡到11点，吃过午餐才上班。舒媛当时还不会开车，为了让张峰可以多睡，她每天挺着大肚子挤公交车。张峰习以为常，连早起开车送妻子上班的虚情假意也没有。舒媛觉得这没什么。

五个月后，儿子小峰出生了。已经改嫁的张峰母亲突然以婆婆的身份加入小家庭。夫妻的感情生活开始出现裂缝。

他们开始分房睡。张峰睡眠浅，平日精神不太好。现在孩子晚上老是哭闹着吃奶，他更受不了，于是去母亲房间睡。

张峰还经常深夜在外面喝酒，回家一天比一天晚。舒媛无意间发现张峰手机里新添加了很多异性朋友。她偷偷打开张峰的手机定位。某日凌晨，趁孩子熟睡，她向张峰打视频通话查岗。张峰拒接，发来了几条含混不清、支支吾吾的语音信息。舒媛马上开车，准备抓现行。她看着张峰的定位显示缓慢移动到桥底。舒媛追上去发现驾驶座的张峰在呕吐。他又哭又笑，说自己没人疼、没人爱。但舒媛分明看到他的表情透露着清醒和试探。她不相信真醉成这样的张峰能独自快速地把车开到远离声色现场的桥底。捉奸未遂，又没有其他证据，但舒媛认定有其父必有其子的张峰在外风流。

舒媛和张峰陷入冷战。

婆婆开解说："哪个男人不出轨？出轨说明我儿子有魅力。他不会离婚，也愿意养你和孩子。你还有什么不满足的？"早就对丈夫与婆婆同床睡不满的舒媛，脑子里总是不受控制地闪过婆婆毫不忌讳地在自己和张峰面前脱光换衣服的画面。她不自觉地怀疑这样畸形的家庭关系。

张峰有意无意地和舒媛谈论交换性伴侣的话题，甚至试图付诸实践。

死心的舒媛异常冷静，开始精心策划自己和孩子利益最大化的协议离婚。

舒媛把孩子接回身边，向张峰坦言自己早已知道他在外面鬼混的事情。舒媛故意将痛苦和压抑歇斯底里地发泄出来，让张峰感到害怕。舒媛每天恳求张峰："只有离婚证才能终结我的痛苦。爱我就请和我离婚。离婚后，我们的小家庭生活照旧。等过了这段艰难时期，我们可以随时复婚。"张峰不明白她的逻辑，没答应离婚。

舒嫒一次次揪到他在外出轨的证据，情绪失控的表现一次比一次夸张。为了自己的逍遥快活和成全舒嫒的"解脱"，张峰被说服，愿意和她去民政局离婚。舒嫒说，张峰当时真的相信离婚证能够治愈她的精神问题，也相信她和孩子永远离不开他。

舒嫒在网上研究了协议离婚的手续和步骤，单方面准备了一份详尽的离婚协议。协议内容是：孩子抚养权归女方，男方名下的一套婚前房产归女方，女方名下一辆奔驰轿车归女方，并写明了男方出轨导致感情破裂，房屋归女方是用以弥补男方对女方造成的伤害，和给母子俩提供稳定的生活居住场所。以舒嫒对张峰的了解，张峰会在吵吵闹闹的婚姻登记大厅即兴签下这份协议，但这不能事先发给他，让他有充足的考虑时间。

两人相约到民政局。舒嫒按计划在旁边的图文店打印出离婚协议。民政局的工作人员说不接受自制的离婚协议，指明必须用婚姻登记处提供的模板纸质表格，而且只能亲笔填写内容，不能打印。

离婚协议能不能自带？法律没有明确规定。婚姻法的精神是尊重婚姻当事人的自由。按理来说，应该由离婚双方决定离婚协议内容怎么写，要手写还是打印。尤其在夫妻共同财产很多、分割很复杂和孩子抚养权安排比较细致的情况下，这些内容通常需要数千字才能表述清楚。要求手写离婚协议就像变相体罚，不必要地设置了离婚的人为障碍。

婚姻登记处作为公共服务机构，不应该限制使用打印的离婚协议才对。

一线城市的婚姻登记处普遍接受男女双方自带的打印离婚协议，且只做形式审查，确认里面的内容是否有自愿离婚、孩子抚养权安排、财产分割条款等的表述。婚姻登记处不能像法院调解离婚案时审查双方的调解协议一样，审查协议内容是否双方的真实意思表示、约定内容是否有效，协议是否公平、周全、妥当，否则就是越俎代庖。

舒媛和张峰的协议离婚偏偏遇上了不按婚姻法精神办事的工作人员，不允许他们使用自带的离婚协议。舒媛只好用办事大厅提供的格式模板，在离婚原因栏写上"男方出轨、感情破裂"；在子女抚养栏写上"儿子归女方抚养"，没有写具体的抚养费；房产分配栏上写"归女方所有"，并注明房产地址。张峰看了看离婚协议上寥寥几行手写字，默默签了字。

离婚证顺利拿到手，他们一起生活了两周。舒媛带孩子回家乡工作，和张峰彻底分手了。

02
赠给对方的房子，
只要没过户就可以要回

舒媛的协议离婚办得干脆利落，她的理性沉着胜过很多人。舒媛的如意算盘是，根据离婚协议约定拿到张峰名下的这套学区房，孩子就可以在省会城市上学，自己也能就近工作，母子俩都有保障。她认为这套房产是张峰亏欠她的，是他出于弥补对自己造成的伤害所做的自愿让步。

离婚后，张峰后悔了，不愿意配合办过户。他说房子是父亲老张出首付买的，是对他的赠与，现在未经父母同意就让给离婚后的舒媛，等于是给了外人，他无法向父母交代。

舒媛坚持，离婚协议上白纸黑字写明这套房产归她，张峰应该履行离婚协议。她以为这事实很清楚，权利义务很明确，打官司一定会赢。她在她父亲的律师朋友协助下，去省会城市的高新技术开发区法院提起了离婚后财产纠纷诉讼，要求法院判令张峰履行离婚协议、房产归自己所有。

舒媛在抖音上看到我讲解同类案件的视频。找到我时，她的官司一审败诉，被驳回了要求房屋所有权归她的诉讼请求。舒媛已经上诉，但心里没底，想换掉那位碍于人情、不是专门做婚姻家事案件的熟人律师。

我研究了一审判决书后，直摇头。婚前购买、婚后还贷的房产离婚时的分割问题，是普通人经常遇到的。法律规定非常复杂，疑难点多，非婚姻领域的律师大多搞不懂。一些年轻法官对婚姻法律和繁杂的相关司法解释理解得不透彻，也会屡屡出错。

一审法院的法官判决舒媛败诉，是因为离婚协议无效吗？不是的。虽然被告张峰极力辩称自己是被舒媛假离婚的说辞骗了，但一审法官在判决书中明确写道："本院认为……

本案中，《离婚协议书》是原、被告自愿达成，是双方真实意思表示，内容不违反法律规定，且婚姻登记机关备案待查，应为合法有效，双方应当按照《离婚协议书》的约定履行。被告张峰陈述上述《离婚协议书》并非其真实意思表示，未提供相反证据证明存在任何欺诈、胁迫情形，对其抗辩不予采纳。"他们的《离婚协议书》被认定是有法律效力的。

法官在判决书的评述部分直接、明确地指出："根据法律规定，夫妻约定婚姻关系存续期间所得的财产以及婚前财产归各自所有、共同所有或者部分各自所有、部分共同所有。原、被告在《离婚协议书》中做出的关于'案涉房屋归女方所有'的约定，应视为被告张峰同意将婚前个人财产赠与给原告舒媛，且婚后夫妻共同财产协议分配给原告舒媛，属于夫妻之间的有效约定。"判决书的最后，法官建议舒媛另行主张分割诉讼。

既然《离婚协议书》是有法律效力的，为什么法院不判房子归舒媛所有呢？

一审法院判决舒媛败诉的理由主要有二：一是法官认为离婚协议关于房产的约定性质上是赠与关系，没过户前，张峰作为赠与人可以单方撤销离婚协议里的赠与内容；二是舒媛要求把房屋判归她所有，性质上属于"确权之诉"，而非分割共有房产的析产诉讼，没有事实依据和法律依据。

非法律专业人士通常很难理解法官的上述两个理由，而我作为一审败诉方的上诉律师，不但要弄懂这两个理由背后的法理，还要找到更好的相反理由去推翻它们。

理由一中法官援引的是赠与关系的任意撤销权,根据《中华人民共和国合同法》(以下简称《合同法》)第186条(已废止,同《民法典》第六百五十八条):"(第一款)赠与人在赠与财产的权利转移之前可以撤销赠与。"

法学院的合同法课程讲授赠与人享有的任意撤销权时,经常这样举例:情侣吵架时,男方给女方白纸黑字写协议说,"我一个月后无条件赠与女方100万元"。一个月后,男方不赠与,女方能不能起诉要求男方切实履行书面承诺呢?法律规定,在100万元没有实际给予女方之前,男方可以单方面反悔。这种"出尔反尔"是受法律保护的。以此类推,商业上、亲情中任何口头或书面的赠与承诺,只要赠与物(钱、房、金银首饰等实物)还没有实际给予,法律上都可以不算数。

夫妻之间的离婚协议能否直接适用上述合同法的规定呢?这位一审法官直接套用了上述赠与合同撤销权的规定,在判决书中先给案涉房产定性为"赠与":"如前所述,原、被告在《离婚协议书》中做出的关于'案涉房屋归女方所有'的约定合法有效,但其内含的法律关系有二:一是原、被告协商一致认为上述房产中夫妻共同还贷部分和相应增值部分归原告舒媛所有的夫妻共同财产协议;二是被告张峰同意将婚前支付首付款、婚前还贷及相应增值部分的房产给原告舒媛的赠与。第一重法律关系中,在不存在欺诈、胁迫情形的情况下,应认定协议合法有效,被告张峰应当按约履行。则本案的争议焦点在于:被告张峰能否主张撤销第二重法律关系,即撤销被告张峰关于上述房产中的个人婚前首付、婚前还贷及相应增值部分的赠与？"

一审法官认为，《离婚协议书》中关于房产的约定，其实质是张峰将房产中的个人份额（占了房产的大部分）赠与给舒媛。这个赠与性质的认定，直接决定了张峰是否可以根据赠与法律规定来行使任意撤销权。

完成了实质为赠与的认定后，法官直指要害："根据《最高人民法院关于适用〈中华人民共和国婚姻法〉若干问题的解释（三）》第六条的规定，婚前或婚姻关系存续期间，当事人约定将一方所有的房产赠与另一方，赠与方在赠与房产变更登记之前撤销赠与，另一方请求判令继续履行的，人民法院可以按照合同法第一百八十六条的规定处理。根据《中华人民共和国合同法》第一百八十六条的规定，赠与人在赠与财产的权利转移之前可以撤销赠与。由此可知，在案涉房屋变更登记之前，被告张峰依法可以行使撤销权。现上述房产并未办理房屋产权变更登记，诉讼中，被告张峰表示不同意原告舒媛获得上述房产，应视为在合理期限内行使了法定撤销权，《离婚协议书》中关于'案涉房屋归女方所有'的约定部分内容已被撤销。原告舒媛主张案涉房屋的所有权，缺乏事实和法律依据，不予支持。"

看到一审法官在判决书中的论证，我们团队认为，法官即便牵强附会地把《离婚协议书》理解为赠与协议，这种特殊的赠与协议也是有道德义务内容的，哪怕按照法官援引的那条法律，第二款明确规定了，不允许赠与人单方撤销。

《合同法》第186条（已废止，同《民法典》第六百五十八条）："（第二款）经过公证的赠与合同或者依法不得撤销的具有救灾、扶贫、助残等公益、道德义务性质的赠与合同，不适用前款规定。"

团队的一位律师想通过这个思路帮舒媛上诉：在本案中，张峰是屡屡出轨和性生活混乱的过错方，对舒媛和儿子有道德上的亏欠和法律上的抚养保障责任，这些可以算是道德义务。同意赠与房产给舒媛，是张峰基于减轻道德负罪感的自愿，属于上述法律中规定的"道德义务性质的赠与合同"。按照这个逻辑，张峰依法不享有任意撤销权。

能证明张峰对房产赠与负有道德义务的证据在哪里呢？

《离婚协议书》上的八个字——"离婚原因：男方出轨"，加上孩子抚养权归女方、无抚养费的约定，我们可以说，房产事关母子的居住保障。这是一个重要的论点。

但单一证据、单一论点太单薄，上诉的胜算难说。

舒媛听完我的分析，急着想找婚姻登记处的工作人员，要求他出庭作证当初她自带了一份更详尽的离婚协议，或去找打印店的小姑娘作证。

我直摇头。离婚协议就是以盖有婚姻登记处备案章的版本为准。一位例行公事的工作人员，其领导和所在机关是不可能让他代表政府部门作证承认另有未经审核、没有盖备案章的版本的。即便能够证明有双方协商一致的电子版，未经双方签名确认和婚姻登记机关备案，也无法律效力。我们必须转换思路。

03
离婚协议中的财物赠与，
不能随便返还

作为原告的代理律师，我能不能釜底抽薪，否定《离婚协议书》的赠与性质呢？这个诉讼策略和思考方向很考验法学功底。我们开始查找支持"非赠与"观点的法律法规、司法解释，以及全网搜集同类案例判决书和偏实务的相关论文。

经过研究后，我们找到的不少表达支持"离婚协议不是赠与合同"观点的资料都引用了《婚姻法司法解释（二）》第8条，"离婚协议中关于财产分割的条款或者当事人因离婚就财产分割达成的协议，对男女双方具有法律约束力"。

我拍板敲定了我方的基本诉讼立场：《离婚协议书》中的房产归属约定，其性质不是可以单方撤销的赠与，而是离婚财产分割条款，其法律效力是不容单方否定或单方撤销的。

退一万步讲，如果非要把离婚财产分割协议等同于"赠与合同"，那它也是属于不容单方撤销的特殊赠与合同。我们找到了几个强有力的权威观点来否定离婚协议中的赠与人享有单方撤销权利——

第一，整体性观点：离婚协议是包括离婚意愿、子女抚养、财产分割、婚内贡献补偿、过错赔偿等事项在内的一揽子解决方案，是上述事项整体打包、综合考虑后约定的一个完整协议，不应允许一方把其中某项财产分割安排单独拿出来撤销，否则就破坏了其他安排事项的利益平衡。

第二，目的性观点：离婚协议主要是为解除双方婚姻关系的目的而设的，其所涉及的财产分割、子女抚育条款均出于解除双方夫妻身份关系的动机。因此，一方基于离婚事由将自己婚前的个人财产处分给另一方的行为，可认定为一种目的赠与行为。这种发生在特定身份关系当事人之间的有目的赠与，并不违反法律的规定，具有一定的道德义务性质，也属一项诺成性的约定。在双方婚姻关系事实上因离婚协议得以解除且离婚协议的其他内容均已履行的情况下，应视为赠与人赠与财产的目的已经实现，故其赠与依法不能随意撤销。此观点来自最高人民法院《人民法院报》2006年10月30日第006版发布的指导案例，刊登的是江苏省常州市中级人民法院做出的（2005）常民一终字第488号案，案情与本案基本相同。

第三，优先性观点：离婚协议中的赠与条款，不同于一般婚内财产协议中的赠与条款，应分别适用不同的司法解释条文。

上述三种观点，均得到来自最高人民法院指导案例的支持。人民法院出版社出版的《民事审判指导与参考》2013年卷第3辑中，作者署名为"最高人民法院民一庭"的文章《离婚协议中房产赠与条款的撤销问题》以离婚协议写房产赠与给子女是否适用任意撤销权的争议为例，深入分析了离婚协议中赠与人是否享有单方撤销权利的问题：

……当事人在民政部门登记离婚时,**离婚协议中的房产赠与条款与整个离婚协议是一个整体,不能单独行使任意撤销权。**有的当事人是在综合考虑各种因素的前提下才同意登记离婚的,也许附加的条件就是把房产无偿赠与子女。男女双方基于离婚事由将夫妻共同财产处分给子女的行为,可视为一种附协议离婚条件的赠与行为,在双方婚姻关系已经解除的前提下,基于诚信原则,也不能允许任意撤销赠与……有的当事人恶意利用赠与的撤销达到既离婚又占有财产的目的,不仅给子女或原配偶造成了经济损失和新的精神伤害,也给社会带来不诚信反而受益的负面影响。

如果一方当事人对离婚协议中的赠与条款反悔,在登记离婚后1年的除斥期间届满前提起诉讼,法院受理后经审查,未发现订立财产分割协议时存在欺诈、胁迫等情形的,应当依法驳回当事人的诉讼请求。

……**单纯的赠与行为与离婚协议时的赠与行为性质并不相同**,赠与合同是赠与人将自己的财产无偿给与受赠人,受赠人表示接受赠与的合同,赠与人在赠与财产的权利转移之前可以撤销赠与。**而在民政部门登记离婚时达成的财产分割协议所涉及的赠与条款,与解除婚姻关系密不可分**,根据《婚姻法司法解释(二)》第8条的规定:"离婚协议中关于财产分割的条款或者当事人因离婚就财产分割达成的协议,对男女双方具有法律约束力。"当事人反悔请求变更或者撤销财产分割协议的,如果不能举证签订协议时有欺诈、胁迫的情形,一般很难得到法院的支持。《合同法》第186条的特色在于撤销权的任意性,即不需要任何理由,在赠与物的权利转移之前均可以撤销。而《婚姻法司法解释(二)》第8条则强调了离婚协议中财产分割条款的法律约束力,不可擅自变更或撤销。**以离婚协议中赠与条款的法律约束力对抗任意撤销权的任意性,**

根据特别法优于一般法的原则，这类纠纷应当优先适用《婚姻法司法解释（二）》的规定。

舒媛案的一审法官显然没有注意到最高人民法院的定调意见，而舒媛的一审代理律师也没有收集到这篇一锤定音的权威文章来说服法官。我自信能够通过上诉到中级人民法院，纠正一审的错误。

事实证明预判是对的。在能否单方撤销赠与的问题上，中院判决书完全采纳了我的观点，推翻了一审法院的判决。在此点上，我方胜诉的二审判决书原文为："关于赠与能否撤销的问题。案涉离婚协议书是双方在民政部门登记离婚时就解除夫妻关系、子女抚养、财产处理的整体协议，不能随意分割。张峰与舒媛已经依据该协议解除了婚姻关系，现张峰作为负担赠与义务的一方反悔，要求撤销赠与，有悖于诚信原则。依据最高人民法院《婚姻法司法解释》（二）第8条规定，离婚协议中关于财产分割的条款或者当事人因离婚就财产分割达成的协议，对男女双方具有法律约束力。故张峰要求撤销赠与的主张不能成立，本院不予支持。"

一审法院判决舒媛败诉的理由一，即认为赠与能单方撤销，二审时我方实现了翻盘。但一审败诉的理由二，法官认为"要求把房屋判归我方所有"性质上属于"确权之诉"，而非分割共有房产的析产诉讼，二审法院判决驳回我方的上诉请求，维持原判。

04
"一事不再理"原则

一审判决书原文表述:"考虑到诉讼中原、被告均未提供任何证据证明上述房产的购买、还贷情况,无法析分出被告张峰婚前首付、婚前还贷及相应增值部分,原告陈述的诉讼请求也是确权之诉,并非分割之诉,故原告舒媛可另行主张分割上述房产中关于婚后共同还贷和增值部分的份额。"

二审法官依然聚焦我方的诉讼请求问题,判决我方败诉:"关于舒媛要求确认案涉房屋所有权的上诉请求,经查,案涉房屋因按揭贷款已设立抵押权,依据《中华人民共和国物权法》(以下简称《物权法》)第一百九十一条规定,抵押期间,抵押人未经抵押权人同意,不得转让抵押财产,但受让人代为清偿债务消灭抵押权的除外。诉讼中,舒媛未能举证双方就房产的处理已经抵押权人同意或已清偿债务消灭抵押权,在此情形下,舒媛要求确认房屋权属的上诉请求不能成立,本院难以支持。综上所述,舒媛的上诉请求不能成立,应予驳回;一审判决书认定事实清楚,适用法律虽有瑕疵,但裁判结果正确。"

舒媛败诉的原因在于诉讼请求写错了,不应该写请求"判令案涉房屋所有权归原告舒媛所有",这是"确权之诉"。对于房屋所有权的确权请求,法官下判决时会有很多顾虑和需要查清的事实,比如:房屋有没有设置抵押权,提出请求的原告有没有购房资格，等等。

不动产确权判决书是国家司法权力的象征，它的法律效力可以对抗所有人，等同于房产证，有公示、公信的作用。假设二审法官判决我方胜诉，基于二审判决书直接发生法律效力的司法权威性和可直接执行性，舒媛将可以拿着二审判决书，去不动产登记中心直接要求房管局执行已生效的判决。房管局没有任何理由违抗法院的生效判决书和协助执行通知函，必须无条件给舒媛办理过户手续，而这样会侵犯按揭银行的利益，也可能破坏政府的房屋限购政策。

二审法院以此理由判决我方败诉，不得不服。

值得注意的是，上述法官援引的《物权法》第一百九十一条的规定已经过时了。2021年生效的《民法典》取消了转让抵押财产需经抵押权人同意的规定。《民法典》第四百零六条规定："抵押期间，抵押人可以转让抵押财产。当事人另有约定的，按照其约定。抵押财产转让的，抵押权不受影响。"

这是不是意味着，背负按揭房贷的广大业主今后出售房产时都不需要提前还清银行的房贷和涂销抵押权证呢？不是的！当下的新法律不能用来要求过去的行为。根据"新法不溯及既往"原则，未经抵押权人同意可以转让抵押财产的新规定，不能适用于《民法典》生效前的按揭房产。

国家自然资源部出台的自然资发[2021]54号《自然资源部关于做好不动产抵押权登记工作的通知》第三条第二款明确规定："《民法典》施行前已经办理抵押登记的不动产，抵押期间转让的，未经抵押权人同意，不予办理转移登记。"

那《民法典》施行后办理的按揭房产呢？由于《民法典》中规定"当事人另有约定的，按照其约定"，《民法典》施行前，各大银行都修改了按揭贷款合同的内容，增加了"转让抵押房产须经银行书面同意"的条款。《民法典》承认和保护银行与业主之间的这种约定。

可以预计，《民法典》施行后，按揭房屋的转让、加名和减名，仍需取得银行作为抵押权人的同意，法院可以未经抵押权人同意或违反当事人的另有约定为由，判决不支持确权的诉讼请求。

诉讼请求应该怎么写才对呢？诉讼请求写错的责任在谁？现在案子还有什么补救的方法吗？

舒媛联系到我时，案件已经在二审上诉阶段，连上诉状都是之前的代理律师写好的。舒媛可以在二审开庭前临时把代理律师换成我和我的团队成员，但之前的一审起诉状和二审上诉状的诉讼请求已经固定，我们中途介入很难变更。我已经在接受舒媛的委托前反复声明这些风险，坦言二审改判的概率小，难度大，给她的胜算期待是六成。二审败诉完全在意料之中。

我先收到的是电子表格形式的二审判决书，看到"判驳回上诉，维持原判"的字样，以为全案输了。我不惊讶，但有点失望，把结果截图发在工作群里，告诉舒媛上诉输了。

民事诉讼的规则就是这样，一审时的诉讼请求，通常在一审开庭审理前就必须明确和固定下来。一审判决结果是对原告诉讼请求的裁判，如果不服，上诉的实体性诉讼请求也必须和一审时保持一致。临危受命的代理上诉律师只能围绕着明知不可能赢的诉讼请求准备辩论工作。

事情突然反转。半天后，助理打电话给我："飞哥，舒媛案没有输，我们是胜诉了的！你快看我发给你的判决书电子版原文！"

我喜出望外。看到二审法官在判决书中纠正一审判决、不支持张峰单方撤销的那一段表述后，我知道"判驳回上诉、维持原判"只是表面输了。法官留了一条出路，让我们换一个诉讼请求重新起诉。

我兴奋地给舒媛打电话，告诉她这个案件翻盘了、虽败犹胜。舒媛一时没反应过来。看完判决书，通过助理的讲解，她明白了：一审时写的诉讼请求错误，但我们依然可以通过另行起诉、重新立案的方法，变更成新的、可以胜诉的诉讼请求。

舒媛马上和我的律师事务所签订了新的法律服务合同。我们向第一次诉讼时的一审法院开发区人民法院递交了起诉状，代表舒媛正式进入与男方张峰第二回合的法律交锋。

在二次诉讼中，我们增加了两个主体：第三人市住房公积金管理中心和第三人中国建设银行城建支行。经过反复斟酌，我们代写的起诉状中新的诉讼请求是："请求判令被告张峰协助原告舒媛办理案涉房屋剩余贷款一次性清偿手续；原告在偿还案涉房屋剩余贷款后，被告及第三人协助原告办理案涉房屋的涂销抵押登记手续；被告在案涉房屋已涂销抵押登记后，协助原告办理案涉房屋产权变更登记手续。"

这个新的诉讼请求，和败诉的前诉一审、二审诉讼请求"判令案涉房屋所有权归原告舒媛所有"有什么不同呢？

这涉及很深的民法原理，简单来说，新诉讼请求属于债权：我方请求的是相对方一个人（即张峰）尊重我的权利即可，所以我方的新诉讼请求是只针对张峰，要求的是张峰配合即可，通过对离婚协议的简单司法审查，法院就可以判定是否可以支持；而旧诉讼请求属于物权范畴，请求法院以司法权力要求所有人尊重我方的这个权利，所以法院会非常慎重，需要考虑负责不动产登记的政府部门的政策态度，和抵押权人（即第三人市住房公积金管理中心和中国建设银行城建支行）的利益平衡。

我们的二次诉讼在开发区人民法院的立案庭遇到阻碍。法官无法理解新旧诉讼请求的不同，口头答复不能确定是否可以给我们立案。我们提交了大量相同、相似案件的判决书，立案法官终于确定立案。

在法庭上，张峰的律师指责我们构成"重复诉讼"，认为二次起诉不应得到受理，要求法院按照"一事不再理"原则，驳回我们的起诉。

"一事不再理"原则，又称禁止重复起诉原则，是指判决、裁定已经发生法律效力的案件的被告人不得再次起诉和被审理。这个原则不允许任何一方反复诉讼，以维护国家司法的权威，节约诉讼资源，保护当事人的合理预期，避免不必要的讼累，和保障社会秩序。

我方坚决反对：

第一，前后诉的性质不同。前诉案件"判令案涉房屋所有权归原告舒媛所有"的诉讼请求，属于确认之诉，是所有权确认纠纷，是物权范畴；而后诉案件"判令被告张峰协助原告办理涂销抵押权和协助原告办理过户产权变更手续"的诉讼请求，是给付之诉，履行离婚协议债权纠纷，是离婚后财产纠纷，是债权范畴。

第二，前后诉的当事人和标的不同。"一事不再理"原则中的"一事"，要求"三同"：相同当事人、同一案件事实和同一诉讼标的。后诉中，当事人明显多了两个第三人（即市住房公积金管理中心和中国建设银行城建支行）；而诉讼标的，前诉指向物权确认，后诉只是要求履行离婚协议，前后诉的请求权基础不同，法律关系也不同。

二次诉讼的一审、二审，张峰的律师都花了大量时间纠缠在重复起诉的问题上。我深知，法院确定重新立案，就说明法院已经不认为这是一个值得争论的问题。二次诉讼的所有环节，我都避开这个话题，不浪费任何能够表达我方诉求的机会，聚焦最核心的两个问题：一是前诉的二审判决书中是否已经对案涉房屋有了终局性的实体处理；二是我方提出新的诉讼请求，在实际操作中是否存在障碍，法官会不会像在确权纠纷中有那么多顾虑，如果法官支持我方存在困难，应该怎样打消法官的顾虑。

法官要求我们双方围绕这两个焦点问题展开举证质证和法庭辩论。

对于第一个问题，我方认为，前诉二审判决书认为离婚协议书约定合法有效，张峰不能单方撤销案涉房屋的赠与，却又驳回我方要求确权的诉讼请求，维持原判，显然，前诉二审法官没有处理实体问题，没有做终局性安排，也没有审理过被告张峰是否有义务协助原告舒媛办理案涉房屋的过户手续这一问题。

被告方对这个问题避而不谈。

法官主要的顾虑应该是：一方面，房屋是被告张峰婚前购买在他一人名下的，且房屋贷款也在他名下，我方舒媛能不能以自己的名义提前还清贷款；如果被告张峰不配合、不协助，市住房公积金管理中心和中国建设银行城建支行是否接受原告舒媛本人提前还清贷款。另一方面，如果舒媛能提前还清贷款，房屋的抵押权注销和变更登记到舒媛名下的手续也需要被告张峰到不动产登记中心，如果被告不配合、不协助，政府的房管部门会不会办理过户登记到原告舒媛名下。

两个第三人的代理律师最开始的回答对我们非常不利：提前还贷必须借款人本人即张峰去办理，市住房公积金管理中心和中国建设银行城建支行都不接受原告舒媛自己办理提前还贷。

法官追问："第三人，根据政策要求和实际操作，是否允许原告持法院生效裁判文书和协助执行通知函直接办理提前还款？"

他们一致回答：如果法院能够保证还款覆盖尚欠本金和利息，原告通过法院的协助执行通知函就可以办理提前还贷，不会触及任何政策障碍。

法官转向提问我方:"原告是否同意承担案涉房屋一次性还清贷款本息的义务?"我方干脆利落地回答:"完全同意,没有问题。我方已准备好提前还贷的所有款项,同意将全部剩余贷款本息交由法院或公证处提存,也同意承担任何办理抵押权注销、过户等可能发生的手续费用。"

剩下的唯一问题是,房屋过户到舒媛名下是否会违反当地的限购政策?实际上,这在前诉的一审中已经查清。法院函询当地的住房保障和房产管理局:"原告舒媛诉请案涉房屋归其所有,是否违反现行限购政策?"该局函复:"按照现行限购政策,对于夫妻因离婚而导致房屋产权发生转移归一方所有的,不受限购政策影响。"

二次诉讼的一审庭审已经查清所有问题,判决我方胜诉的障碍全部扫除。判决书结果没有悬念,法院完全同意我方观点:

> 本院认为,……前案中,二审法院判决在双方就房产的处理未经抵押权人同意,或未清偿债务消灭抵押权的情况下,对原告舒媛要求确认房屋权属的诉请不予支持;而在本案中,原告舒媛诉请的是判令被告张峰协助原告舒媛办理偿清贷款、涂销登记和办理过户的行为之诉,不构成重复起诉。被告张峰的上述抗辩意见,不予采纳。
>
> 关于原告舒媛在本案中提出的诉讼请求。经查前案二审民事判决中载明被告张峰要求撤销赠与的主张不予支持,则被告张峰和原告舒媛关于案涉房屋归原告舒媛的约定,对双方仍均有法律约束力。现原告舒媛

在诉讼中同意付清上述房屋的贷款本息余款，同意承担办理抵押权注销、过户过程中的相关手续费用，并基于该事实起诉，据此主张被告张峰履行上述协议，并配合原告舒媛提前还款、办理抵押权注销和变更过户手续，合理有据，予以支持。

综上，依照原《中华人民共和国婚姻法》第三十九条的规定，判决如下：

一、被告张峰于本判决生效之日起五日内协助原告舒媛向第三人中国建设银行股份有限公司城建支行、市住房公积金管理中心办理一次性还清案涉房屋剩余房贷清偿手续。

二、在原告舒媛偿还涉案房屋剩余贷款后，被告张峰于五日内协助原告舒媛办理案涉房屋的涂销抵押登记手续。

三、在案涉房屋已办理涂销抵押登记后，被告张峰于五日内协助原告舒媛办理案涉房屋的产权变更登记手续。

案件受理费 11065 元，由被告张峰负担。

从二次诉讼申请立案，到完全胜诉的一审判决书下判，历时四个月。

05
虚假诉讼，最高能判七年

张峰不服，上诉到中级人民法院。我告诉舒媛：他上诉必败，不用担心；他只是不甘心，想拖时间，对我们来说就是走程序，让他折腾去吧。

舒媛问："张峰还会有什么手段阻止我拿到房子呢？"我说："张峰可能会让他父母起诉你们俩，要求你们退还案涉房产，理由是房屋由父母出资购买，只是借了儿子张峰的名字买房。"舒媛担心他们的纠缠会翻盘。

我解释道："这要看证据，如果老张有完整的转账记录，能够证明首付款和每月还款是他出的，也能够拿出他们当年借名买房、房屋代持的协议或聊天记录，那他们还是有一定机会的。"

但如果老张和张峰亡羊补牢、倒签协议的话，他们会有刑事风险。现在的技术可以鉴定出签名的形成时间，误差在半年左右。房子是七年前买的，如果他们伪造成七年前就签好了房屋代持协议，我方可以控告他们虚假诉讼罪。刑警利用技术手段鉴定出签名形成时间作假后，他们一家三口可能被判刑，最高可以判七年有期徒刑。

不出所料，张峰上诉后不久，老张和张峰的继母申请以有独立请求权的第三人身份，参加二次诉讼的上诉审理诉讼。中院通知我方对该申请书发表书面意见。

我提交了不同意他们参加诉讼的四点反对意见：

一、张峰的父母以独立第三人身份参加诉讼的申请没有事实依据，房屋代持协议是不存在的，是事后伪造的，涉嫌虚假诉讼，我方将依法追究他们恶意串通、损害答辩人权益的犯罪责任。

二、张峰的父母曾在多个场合表达过案涉房屋系赠与张峰的，之前从未在任何场合声明案涉房屋系代持和借名购房，舒媛对这一突如其来申请背后所谓的代持，自始至终完全不知情。

三、张峰在本案一审，及前诉的确权纠纷一审、二审中均明确案涉房屋为他的个人财产，这样的立场观点在他的答辩状、庭审笔录中多次充分表达，且亲笔签名确认，张峰对此应承担相应法律责任，法院应对张峰表述出尔反尔、前后不一的行为依法予以制裁。

四、退一步讲，即便申请人张峰的父母认为他们对房屋享有某种权利，在二审中申请以独立第三人参加诉讼，在舒媛不同意的情况下，法院不得擅自同意追加，并应告知申请人张峰的父母循其他司法途径解决，否则将违反《民事诉讼法》的相关规定，同时也客观上给申请人张峰的父母逃避虚假诉讼罪嫌创造了条件。

二次诉讼的上诉审开庭当日，张峰的父母没有来，分别委托了两名律师到庭要求参加诉讼。一开庭，我要求审判长明确是否已经准许张峰父母以第三人身份参加诉讼，审判长连忙否认，并要求这四位律师全部离开法庭。

我高声质问张峰："在前诉的一审、二审及本案一审的三份答辩状、一份上诉状、三份庭审笔录中是不是你本人亲口承认、亲笔签名确认案涉房屋是你的个人财产,是你父亲赠与首付款给你的?"

张峰支支吾吾说,这是律师说的,自己不懂,稀里糊涂就签名了。我打断他语无伦次的辩解,警告他,我方会去公安局控告他们三人虚假诉讼,后果自负。

上诉审开庭效率很高,法官似乎认为没有什么值得审理的问题,不到一个小时就结束了。

舒媛后来向我转述,休庭后不久,中院的书记员绕过我直接给她打电话说,这个案子唯一的出路是调解,要求舒媛考虑张峰开出的调解方案,房产写到孩子名下,孩子抚养权归张峰,张峰再额外补偿舒媛10万元。舒媛说她绝不接受这样的方案。我有些生气,我是舒媛的代理律师,为什么不直接给我打电话?我回拨给书记员,质问他为什么这样做。书记员矢口否认给舒媛打过电话。

我预感事情没这么简单。

果然,第二次诉讼的上诉审判决书出来了,虽然我方胜诉,终审判决书驳回了对方的上诉、维持原判,但其中埋下了伏笔:

关于张峰的父母以是案涉房屋的实际所有权人为由申请作为第三人参加二审的问题。根据《中华人民共和国物权法》第九条规定,不动产物权的设立、变更、转让和消灭,经依法登记,发生效力;未经登记,不发生效力;第十七条规定,不动产权属证书是权利人享有该不动产物权的证明。

案涉不动产权属证书上载明案涉房屋的权利人为张峰且为张峰单独所有，该登记对外具有公示效力。在案涉不动产权属证书上载明的权利人仍为张峰。张峰父母一审未申请作为第三人参加本案诉讼，二审申请追加，本院不予准许，其应另案向张峰主张。张峰以案涉房屋的实际所有权人系其父母为由主张其对案涉房屋无权处分，本院亦不予支持。

签收这份终审判决书后，我指示舒媛马上办理提前还贷和涂销抵押权手续，尽快把房产过户到自己名下。

截至这个故事完稿时，舒媛的房产过户还没办下来。我们收到了中级人民法院的通知，张峰父母向舒媛提起了"第三人撤销之诉"。房产被他们申请财产保全查封了，无法过户。

前诉一审、二审和后诉一审、二审，加起来快三年了。舒媛接着要面对的是第五场官司。这个离婚后财产纠纷的故事，未完待续。

七、婚内财产分别制协议惹出的遗产纠纷

  一个人去世后,他所有的权利和义务都会消失,法律是不承认死人有财产权利的,他的财产会变为遗产。遗产不会再按夫妻婚内财产协议书的约定分配,而是按遗嘱分配。

01
"传宗接代"惹出的荒唐协议

  1960年出生的唐晓燕,和绝大多数同龄人一样没有机会读太多书。恩爱的父母是广州某国企的职工,把20来岁的她安排进国有工厂上班。唐晓燕认识了高大帅气、和自己同年的同事张勇,两人开始谈恋爱。两人郎才女貌,门当户对,大家都很羡慕。
  张勇的父亲张老头是随行军医,复员后享有极高的社会地位,终身领取国务院特殊津贴。张勇母亲是一个地道的北京姑娘。
  唐晓燕和张勇三观相近,热爱自由,心态开放,对改革开放初期的各种新鲜事物充满好奇。当时国家倡导晚婚晚育,双方父母开明,他们28岁才进入婚姻。
  家庭富裕,没有养老压力,婚后的他们迟迟不肯生孩子,

不想影响丰富精彩的二人世界。唐晓燕不小心怀上,也会选择人工流产。流产次数多了,夫妻后来想要孩子,却怎么也怀不上了。

这种遗憾在普通的中国家庭里通常会导致离婚。但20世纪90年代初的广州处于思想解放和改革开放的最前沿,双方都是工人干部家庭,大家都能接受。特别是张家人,经历过战场上尸骨累累场面的张老头把儿子们的婚育问题看得很轻,从不催婚催育。哥哥张勇结了婚但没有生小孩,弟弟张虎则一直没结婚。不循常规的一家人其乐融融。

唐晓燕开朗大方、热情随和,深得张勇父母喜爱。晚年的张老头经常和妻子吵架,唐晓燕充当公婆的和事佬。两老离不开唐晓燕,逢人就说唐晓燕是他们俩的小棉袄,俨然把她当成了亲生女儿。他们或许对儿子们的婚育问题有遗憾和盼望,但从来不说。

唐晓燕与张勇结婚第二十年,张老太因病去世。张老头年事已高,两个儿子为他请了保姆李姨。李姨非常能干,把张老头伺候得很好,把张家打理得井井有条。农村底层出身的李姨对军人有天然的崇拜之心。张老头一生成绩斐然,她看到张家挂着只有电视上才能看到的军功章,对张老头敬重有加。唐晓燕后来开玩笑说,李姨连在处理公公的排泄物时都是笑容满面的,脸上满是骄傲。

张老头晚年有李姨照顾,过得很幸福。他很信任李姨,两人无话不说。七年后,张老头去世。葬礼上,李姨哭得比谁都伤心,像是自己的父亲去世一样。两兄弟按照广东的后事习俗准备烧掉父亲的所有遗物。李姨阻止他们烧掉老头子的军功章、荣誉证书,说她要留作纪念。

张勇和唐晓燕继续过着没有孩子的生活,张虎继续沉迷于国际象棋。

李姨召集大家开家庭会议,说出张老头生前的遗憾,告诫两兄弟不能让张家绝后。张勇和张虎面面相觑,不好当面顶撞把自己当成一家之长的李姨。会后他们依然我行我素。

李姨见开会无用,又生一计。她偷偷找张勇,自告奋勇要帮他找个女人生孩子。张勇不知如何是好,和唐晓燕一起商量如何对付李姨。夫妻俩觉得很好笑,都58岁了,现在的生活很好,没必要为了要后代而做荒唐的事情。他们决定不正面回应李姨。李姨很失望,骂他们不肯弥补张老头的遗憾,是"不肖子孙"。她带着张老头的军功章和荣誉证书离开张家,回了农村。

半年后,李姨又回来了,明面上是为了张家续后的大事,私底下找了唐晓燕借钱,说她看中的微商项目差一点投资款。以前她们关系很密切,而且李姨估计张家的钱应该都由唐晓燕掌管。

唐晓燕和张勇感情好,第一时间互通了信息。李姨这次回来对他们说这两件让人难堪的事情,彻底打消了夫妻俩半年来对她的愧疚。李姨变化很大,疑似被骗。夫妻俩不好细问,认为必须想办法打发这个越来越难缠的前保姆了。

唐晓燕哭穷:"张老头去世后留下存款,两兄弟申领到数十万元的抚恤金,但这些钱没有分给我这个张家媳妇。太不公平了！李姨，您应该出来主持公道。"

  李姨有些意外，也很感动唐晓燕还把她当成自己人，当仁不让地要给唐晓燕做主。李姨趁机说了她可以为张勇找别人生孩子的计划，没想到唐晓燕爽快地答应了。唐晓燕说，张勇如果还有能力找别人生孩子，她没意见，只要求签一个井水不犯河水的协议。

  唐晓燕假装回房说服丈夫签协议。夫妻俩一致认为，只有表面上顺从李姨的安排，才能彻底摆脱她的纠缠。张勇和唐晓燕将计就计，在李姨的主持下，签订了他们不打算实际履行的《协议书》：

协议书

  张勇、唐晓燕经济财产区分，双方特立此协议。

  因唐晓燕未参加张家遗产分配，现张勇自愿给唐晓燕以经济补偿，双方和平共处：

  一、张勇自愿一次性补偿唐晓燕贰拾叁万元（23万元）。

  二、从补齐上述款项之日起，双方无任何经济纠缠。

  三、唐晓燕所有财产、公司、经济即日起与张勇无关。

  四、张勇所有财产、遗产抚恤金、经济即日起与唐晓燕无关。

  五、以后双方自由自在，互不干涉个人生活。

  六、如双方愿意另谋千秋、各启前程，也凭此书好合好散。缘起缘落，大家情分不散。

  以上六条，双方遵照执行，不得违背。

协议人：张勇（签名、按手印、写日期）

唐晓燕（签名、按手印、写日期）

证明人：李姨（签名、按手印、写日期）

  协议一式两份，由李姨起草和手写，三人同时在场亲笔签名、按手印。李姨拿走了本应由唐晓燕保存的那份。这一招很管用，李姨知道唐晓燕没多少钱，再也没有找她借钱。夫妻俩后来听说李姨郁郁寡欢，三年后去世了。

  张勇随手把他的那份协议丢进抽屉。他们俩彼此信任，觉得夫妻同心签什么都不重要，今天能随便签一份糊弄李姨，以后也可以随时再签一份新的替代旧约定。夫妻俩没把这事放在心上，他们不会想到，这份婚内财产AA制的协议埋下了隐患。

  唐晓燕和张勇的日子慢慢恢复平静，谁都没有把李姨的提议当一回事，他们的感情依然很好。50岁的张虎搬走，和40多岁的女棋友谈恋爱，在50公里外经营棋馆，做起培训生意。和绝大多数的广州本地家庭一样，三人隔三岔五约吃饭、喝早茶，关系和睦。

  过了退休年龄的夫妻俩闲不下来。张勇做起了司机，唐晓燕和老朋友合开一家环境卫生公司，承接机关单位和宾馆的消毒、灭鼠业务，钱不多但很快乐。为了照顾母亲，唐晓燕大部分时间回娘家住，但夫妻俩每天发微信、打电话关心对方。

  2020年7月新冠肺炎疫情期间，广州出现登革热。唐晓燕公司的灭蚊和消毒任务很重。她连续加班，周末不休息，晚上直接在公司或需要灭蚊、消毒的客户单位就地过夜。她忙完一阵才想起两天前打张勇的电话没人接听，也没有微信回复。唐晓燕当时以为张勇可能在开车没留意到，就没往心里去。但第三天还没有他的回电或微信，唐晓燕感到奇怪，再拨电话还是没人接听。

唐晓燕打电话问张虎，张虎说哥哥这几天也没联系过他。她觉得情况不妙，和张虎约好一起回家。先到的唐晓燕发现内门开着，只有防盗门是从里面反锁的。她莫名恐惧，找大院的门卫叫来开锁师傅。张虎刚好赶到。他们开门进去，发现张勇已经身亡。

唐晓燕双腿发软，心痛得不能说话。张虎打了110，警察、法医相继上门。唐晓燕和张虎去派出所做笔录。公安机关最后认定排除他杀，张勇的死亡时间是当天的零时。

张虎对嫂子唐晓燕充满怨气，认为哥哥的死是她没在身边照顾导致的。他们清理屋里的遗物，张虎一边指责嫂子，一边试图寻找哥哥去世的蛛丝马迹。张虎在抽屉里发现四年前李姨做证明人、哥嫂一起签名的协议书，还给嫂子。出门后，他让嫂子把协议书拍照片传给他。唐晓燕没多想，拍了协议书，发给张虎。

唐晓燕很后悔当时毫无保留、没有迟疑地发了协议书照片给张虎，如果留个心眼，也许两人就不会打官司，能一直做亲人，像以前一样往来。她甚至觉得是自己害张虎起了歹心，是她不经思考的盲目信任、挑战人性导致她和张家唯一的后人反目。

张虎要求嫂子交出协议书原件，唐晓燕才明白过来。他以自己要结婚为由，要求嫂子交出家里的户口本和哥哥的死亡证明。双方都以为拿到这些文件更利于抢遗产，开始在微信里相互攻击，张虎甚至威胁报警抓她。双方成了仇人。

张虎分两个官司起诉唐晓燕。第一个官司的诉求是，要求她交还哥哥张勇领取的父亲一次性死亡抚恤金、丧葬费中的一半，约38万元。第二个官司的诉求是，判决弟弟张虎享有哥哥张勇全部遗产的继承权，嫂子唐晓燕交出哥哥张勇的全部遗产（全部存款加房屋的一半份额，价值合计600多万元），理由是哥嫂的婚内协议约定了张勇的所有财产与唐晓燕无关。

唐晓燕在第一个官司中请的律师极力劝导调解：那38万元是弟弟张虎应得的，他只要求张勇领取的一次性死亡抚恤金、丧葬费的一半，意味着他间接承认唐晓燕有权继承另一半，唐晓燕在第二个官司就不战自胜了；她应该尽快接受调解，让法院出具立即生效的法院调解书。

唐晓燕签了调解协议，拿到第一个官司的法院调解书后，她越想越不对劲。这位律师曾脱口而出，唐晓燕作为嫁入张家的外人要争张家的房子，不会轻易得手。唐晓燕认为，这位律师没有站在她的利益立场，认同她对房屋等遗产享有正当权益。为了达成调解协议，这位律师一直强调抚恤金、丧葬费归死者亲属所有、与儿媳无关，明显向着张虎一方，而且他把第二个诉讼的胜算策略全押在第一个官司的法院调解书上，有失严谨。她萌生了换律师的想法，找公司合伙人温先生商量。温先生引荐她约我做付费咨询。

我在律师事务所的办公室第一次见到唐晓燕。她充满魅力，个性阳光，说话底气十足。打扮时尚的她说自己已经62岁了。我很吃惊，精致、优雅的她看上去只有40来岁的样子。她说最近因为两起官司瘦了20多斤，如果不能继承丈夫的遗产，晚年生活就没有保障，这个月每晚辗转难眠。

我研究完第一个官司的法院调解书，明确告诉她：两个案件是不同的法律关系。第一个官司已经产生法律效力的法院调解书只处理了政府补给张家的76万元抚恤金、丧葬费等，这笔钱只和公公张老头去世有关；调解书没有任何关于张勇去世后遗产分配的处理结论。

死亡抚恤金、丧葬费是死者生前所在单位给予死者家属的具有慰问和经济补偿性质的费用，不属于死者的遗产。死者亲属对如何分配抚恤金发生争议的，法院可以不按《中华人民共和国继承法》（以下简称《继承法》）的规定，而根据死者近亲属与死者关系的远近和共同生活的紧密程度合理分配。

前案抚恤金、丧葬费的处理结果不会影响后案的遗产纠纷，逻辑上无法从第一个官司的调解书推导得出唐晓燕当然享有继承权的结论。

唐晓燕认同我的分析，说难怪她也觉得不对劲。

第二个官司，唐晓燕最开始委托的也是第一个官司的律师，已经和对方正式签了代理合同，交了律师费。由于受理案件的法院不同，案件处理慢很多，第一个官司已经调解结案，第二个官司还没有开庭，这位律师还没有就第二个官司开展具体的准备工作。

这种情况下，如果咨询者拜托熟人从中引荐，让我免费给其已经请了律师的案件提意见，我会首先要求咨询者信任已有的律师、向其咨询。如果对方坚持要求得到我的专业意见，我会要求其支付双倍的咨询费。这有两点考虑：一是避免律师同行指责我恶意低价竞争抢案源；二是对我承担第一点风险的补偿。这是律师提供法律咨询要收费的真正原因，让律师负起责任，收益和风险匹配。

绝大多数律师对案件当事人把已请好的律师辞掉、换成自己会心存疑虑。当事人与律师之间的信任，是律师顺利履行律师职责和开展工作的基本前提。今天客户怀疑这个律师，明天也可能不信任那个律师。如果有当事人要把现任律师换成我，我一定会详细询问客户更换律师的原因，评估其品行对律师代理案件的风险，在接洽的过程中小心翼翼地就事论事，发表专业意见，避免对其现任律师发表直接评价。

为了维护自己的声誉，对中途换律师的客户，我的律师费会相应贵一些，以免发生争议被投诉，向律师协会解释不清。《中华人民共和国律师法》（以下简称《律师法》）第二十六条规定，"律师事务所和律师不得以诋毁其他律师事务所、律师或者支付介绍费等不正当手段承揽业务"。低价竞争是最常见的不正当竞争手段，需要避嫌。

付费咨询接近尾声，我评估唐晓燕要换律师的原因不是她猜忌多疑，而是她对之前的律师缺乏信任。她是出于认同我审慎而周全的专业分析意见与诉讼策略，希望我担任她的代理律师，而不是出于价格或其他方面的考虑。

我问了唐晓燕现任律师的收费情况，并报出了高出其数倍的价格。我提醒她，现在换律师的话，根据他们签的合同和律师行业的通行惯例，那位律师是不会给她退律师费的。

她问我那位律师会不会因为换律师为难她。我说一般不会，他收了钱不用干活、不用退钱，没有利益动机为难她，我们律师有最基本的职业道德，还有律师协会和司法局监管。

唐晓燕决定接受报价，正式把律师换成我。她签了合同、交了律师费，我安慰她说今晚可以睡个好觉，不用担心，官司放心交给我。我对这个案子很有信心，研究过本案的法律原理，做了大量同类咨询案件，还收集到很多同类案件。

02
即使签了财产 AA 制婚姻协议，妻子依然享有继承权

其中最有影响力的类案（2017）沪 02 民终 3826 号案件被《上海法治报》2017 年 1 月 11 日 B3 整版刊登，即《老夫少妻"假结婚"，婚前承诺惹纠纷》。在上海打工二十多年的 40 岁外地女人为了让自己的孩子在上海落户和读书，

与丈夫离婚，和上海本地大自己29岁的老伯闪电结婚。和唐晓燕的案件相似，女方前夫、女方和老伯签了一份非正式的《承诺书》（下为该案判决书中引用的原文）：

再重声明这次和你办理结婚登记是为了我儿子能在上海考大学所办理手续，感谢你的帮忙和支持。双方婚前婚后各自的财产归各自所用，以后各方的财产对方无权享用和支配，双方的生活各不相干，对方也无权过问个人隐私，更不要提出不合理的要求，以及一切为我儿子为中心。我（前夫）再重声明你今后的生活我绝不来打扰，你名下的财产更与我不相干。感谢你的帮助，我的儿子才能在上海完成学业，在你今后的生活我会帮助，我会把你当父亲来照顾。

承诺人：女方前夫，女方本人，2013年10月17日 老伯

领取结婚证一年后，没有子女的老伯去世，留下了90多万元遗产。这个从来没有和老伯共同生活的女人"适时"冒出来，要求以妻子身份继承老伯的全部遗产。老伯的四个弟弟妹妹强烈反对，认为女方和老伯假结婚，不是真正的夫妻，女方无权继承老伯的遗产。女方把四人告上法庭。

这个案情与唐晓燕案的关键点几乎完全一致，都签了财产AA制的婚姻协议。这会不会影响女方的法定继承权呢？经过上海市静安区人民法院和上海市第二中级人民法院审理，两级法院一致认为，女方是老伯的合法妻子，在老伯没有遗嘱另行安排身后财产的前提下，依法享有继承老伯遗产

的权利。从遗产中扣除丧葬、墓地费用后，法院最后判决由女方继承25万元遗产，其余60万元由生前照顾老伯的四位弟弟妹妹继承。两级法院承认此案中妻子的法定继承权不会因为签了财产AA制婚姻协议书而丧失。

但是，通读上海这个类案的一审和二审判决书全文，我发现法官回避了对《承诺书》的性质分析，双方当事人没有围绕婚姻财产协议书是否构成遗嘱展开辩论，判决书里也没有对婚内财产协议的法律效力是否及于死后财产安排有明确结论。

团队内部讨论，助理认为上海的类案不宜提交给法官，她在出差途中给我发微信："刘律师，我觉得上海这个参考案例和我们的案子有所不同。这个类案没有绝对按照法定继承顺序处理，还兼顾了法官的自由裁量，综合考量了案例中的夫妻关系、实际情况等。我觉得参考意义不大，甚至可能误导法官，原告张虎作为第二顺序继承人是不是对被继承人付出较大的赡养或抚养义务。"

我马上回复她："我们这个案件关键的地方是，夫妻AA制的约定会不会影响到死后的遗产继承权。上海类案的承诺书中'各方的财产对方无权享用和支配，双方的生活各不相干'的约定，能不能管到一方去世后？这个类案开了先河，判决生前的夫妻财产约定不影响一方死后的遗产继承。判决书最后没有绝对按法定继承是事出有因的，而这种情形在我们的案件中不存在——弟弟张虎没有和哥哥张勇共同生活，也没有对哥哥尽到赡养、扶助义务；我们这个案子里哥哥张勇的遗产,弟弟张虎肯定是分不到的。你不用担心,按我的思路来,把这个类案交上去。没事的,责任我来担。"

为什么找到类案会如此重要?

我们中国是成文法国家,区别于遵循判例法制度的英美法国家。

在英美法国家,法官可以援引过去的类似案件,对当下的案件做出相同的判决。原被告双方律师花主要的精力在判例引用、论证上,在法庭上竞相施展说服工作,让法官相信自己援引的判例与本案更相似。法官会在判决书中详细论证最后为什么本案适用这个判例,而不适用另一个。但过去中国大陆的法官不能在判决书中直接援引具体的判决先例,只能援引抽象的法律条文。

成文法制度最大的问题是,不同法官对抽象的法律条文有不同理解,导致"同案不同判",影响司法权威。我国法学界的很多学者多年来一直呼吁引入英美法国家的判例法制度,以缓解司法适用不统一的问题。

最高人民法院在 2020 年 7 月发文《关于统一法律适用加强类案检索的指导意见(试行)》,要求法官在办案时必须进行类案检索,如果检索到最高人民法院发布的指导性案例,就必须参照作出裁判,可以在判决书中引用指导性案例作判决;其他最高人民法院或本省省级、上级、同级法院作出的类案生效判决,也可以参考。

这个文件是我国开始判例法的尝试。律师可以积极全网检索类案,给法官提供检索结果报告,帮助法官不犯"同案不同判"的错误。

找到上海的类案,我开始写答辩状。法理很简单。一个人去世后,他所有的权利和义务都会消失,法律是不承认死人有财产权利的,他的财产会变为遗产。遗产不会再按夫妻婚内财产协议书的约定分配,而是按遗嘱分配。没有遗嘱,就按《继承法》规定的法定继承制度分配。我在答辩状中着力分析唐晓燕和张勇签订的协议书不具有遗嘱的法律效力,并得出"张勇经济与唐晓燕无关"的约定内容不及于死后的结论。

被答辩人张虎诉答辩人唐晓燕继承纠纷一案,答辩人唐晓燕针对被答辩人张虎主张的诉讼请求及事实理由,提出如下答辩意见:

一、答辩人唐晓燕是被继承人张勇唯一的第一顺序继承人,被答辩人张虎作为第二顺序继承人,无权继承张勇的任何遗产。

被继承人张勇于2020年7月×日去世,去世时其父母已经先于他去世(父亲张老头于2016年×月×日因病在广州去世,母亲张老太于2008年×月×日去世);张勇生前无婚生子女和非婚生子女。被继承人去世时没有子女、父母,根据《民法典》关于法定继承的规定,答辩人唐晓燕作为其配偶,是唯一的第一顺序法定继承人,依法享有被继承人张勇全部财产的法定继承权;由第一顺序继承人继承后,被答辩人张虎作为第二顺序继承人,不得继承张勇的任何遗产。

附法律条文:

《民法典》第一千一百二十七条(原《继承法》第十条):

遗产按照下列顺序继承:

（一）第一顺序：配偶、子女、父母；

（二）第二顺序：兄弟姐妹、祖父母、外祖父母。

继承开始后，由第一顺序继承人继承，第二顺序继承人不继承；没有第一顺序继承人继承的，由第二顺序继承人继承。

本编所称子女，包括婚生子女、非婚生子女、养子女和有扶养关系的继子女。

本编所称父母，包括生父母、养父母和有扶养关系的继父母。

本编所称兄弟姐妹，包括同父母的兄弟姐妹、同父异母或者同母异父的兄弟姐妹、养兄弟姐妹、有扶养关系的继兄弟姐妹。

二、被继承人张勇生前并未立过任何合法有效的遗嘱，其遗产只能按照法定继承处理，不能按照其他无遗嘱效力的意思表示办理。

从性质上看，被继承人张勇与答辩人唐晓燕于 2016 年 12 月 28 日签订的《协议书》属于夫妻婚内财产协议，内容上仅约定了生前、婚内财产分配，不涉及死后遗产的继承安排。因此，这些约定不能作为遗嘱内容。而根据协议文字表述，即便能够推定出双方约定了婚内所有夫妻共同财产归男方个人所有，这些个人财产在男方去世后作为遗产，女方系唯一的第一顺序继承人，对这些遗产之全部享有继承权。

从形式上看，该《协议书》全部内容由证明人李姨（已故）亲笔书写和签名，而非被继承人亲笔书写；被继承人张勇并非该协议的起草书写人，仅在其中签名；答辩人唐晓燕系继承人，在其中签名不能视为见证人。因此，该协议既不符合自书遗嘱须遗嘱人亲笔书写的要求，也不符合代书遗嘱须有两个以上合格见证人在场见证的要求。

因此，该《协议书》内容上不是对死后遗产的安排，形式上也不符合自书遗嘱和代书遗嘱的法律要求，被答辩人张虎据此主张答辩人唐晓燕没有继承权，是没有任何事实和法律依据的。

附法律条文：

《民法典》第一千一百三十四条（原《继承法》第十七条）：

自书遗嘱由遗嘱人亲笔书写，签名，注明年、月、日。

《民法典》第一千一百三十五条（原《继承法》第十七条）：

代书遗嘱应当有两个以上见证人在场见证，由其中一人代书，并由遗嘱人、代书人和其他见证人签名，注明年、月、日。

《民法典》第一千一百四十条（原《继承法》第十八条）：

下列人员不能作为遗嘱见证人：

（一）无民事行为能力人、限制民事行为能力人以及其他不具有见证能力的人；

（二）继承人、受遗赠人；

（三）与继承人、受遗赠人有利害关系的人。

三、答辩人唐晓燕与被继承人张勇生前系合法、正常的夫妻关系，不存在丧失继承权的法定情形。

答辩人唐晓燕与被继承人张勇在婚姻关系存续期间，一直守望相助，包括夫妻俩经常一起与被答辩人张虎聚会、吃饭。被继承人张勇生前（包括去世前三天）一直跟答辩人唐晓燕保持联系、相互关心，微信、电话不断。夫妻二人之间，不存在被答辩人张虎诉状所说的"关系不好""分居多年"，更不存在任何遗弃、虐待行为，被答辩人张虎的诉讼请求意欲剥夺答辩人唐晓燕的继承权，是无理取闹。

综上所述，答辩人唐晓燕是被继承人张勇唯一的第一顺序继承人，被答辩人张虎作为第二顺序继承人,无权继承张勇的任何遗产;被继承人张勇生前并未立过任何合法有效的遗嘱,其遗产只能按照法定继承处理,不能按照其他无遗嘱效力的意思表示处理;答辩人唐晓燕与被继承人张勇生前系合法、正常的夫妻关系,不存在丧失继承权的法定情形。恳请法院依法驳回原告的全部诉讼请求。

这个官司准备得差不多了。这个案子的难点在于,生前的婚姻财产协议,其法律效力能否及于死后遗产分配。从法理论证和司法实践(类案)两个方面,我们都做了充足的准备,胜券在握。我把答辩状发给唐晓燕,她没什么反馈。后来在庆功宴上,温先生半开玩笑地说,唐晓燕当时把答辩状打印出来放在床头,每晚睡前读一读才能安心。

03
丈夫还活着的情况下,
妻子放弃继承权的承诺无效

我们还考虑了推翻唐晓燕和张勇婚内财产协议书的两个思路。

第一个思路是,如果能够证明这是虚假意思表示的协议书,那它是没有法律效力的。《民法典》第一百四十六条规定,"行为人与相对人以虚假的意思表示实施的民事法律行为无效"。

唐晓燕和张勇签订协议书，本意并不是要在财产上划清界限，而是串通对付前来借钱的保姆李姨。我相信唐晓燕的上述说法，但问题是唐晓燕怎么证明。张勇生前没有留下证据，夫妻俩没有另外签订书面的文件解释协议书的来龙去脉，协议书形成的前后两人也没有在微信里详细说过。这在法庭上无法合理解释，更没有证据说服法官相信。这个思路行不通。

另一个思路是否认存在这个协议书。原告张虎手上有没有协议书原件？当初他们三人签了一份还是两份？唐晓燕一开始说记不清，后来说可能是两份，当初李姨拿走了一份。李姨去世几年了，张虎会不会已经找她的子女把另一份协议书原件拿到手了呢？唐晓燕曾经拍过协议书的照片，通过微信发给弟弟张虎，对方现在作为原告起诉，我方不可能否认协议书的存在。

这个思路还涉及当事人和律师虚假陈述的法律责任问题。过去在民事诉讼中，当事人和代理律师在法庭上睁眼说瞎话的现象屡见不鲜。由于法律规定的不完善，鲜有被追究法律责任。2020年5月1日起实施的《最高人民法院关于民事诉讼证据的若干规定》第六十三条规定：

当事人应当就案件事实作真实、完整的陈述。

当事人的陈述与此前陈述不一致的，人民法院应当责令其说明理由，并结合当事人的诉讼能力、证据和案件具体情况进行审查认定。

当事人故意作虚假陈述妨碍人民法院审理的，人民法院应当根据情节，依照民事诉讼法第一百一十一条的规定进行处罚。

这让法官有法可依，可以当庭指出当事人及其律师的不诚信诉讼行为，直接对其罚款。个人的虚假陈述最高可处以10万元罚款。新规定实施后，深圳适用该规定对虚假陈述的当事人及律师各处罚2万元的首例，在律师指使当事人当庭说谎的一起离婚纠纷案件中发生。这个事件经《深圳晚报》2020年6月15日A4版报道，马上传遍珠三角律师圈，一些剑走偏锋的律师再也不敢肆意妄为。

唐晓燕问我能不能说没有协议书原件。我小心翼翼地告诉她："你对这个协议书的存在与否、真实与否没有证明责任。如果法官问你问题，你应该如实回答。如果不想正面回答，也不能直接说假话。"

我们按对方可以拿出协议书原件并能充分证明其客观存在准备质证意见，它是否真实存在无足轻重。被告知虚假陈述的法律后果后，唐晓燕不再纠结了。

我们把对方可能采取的诉讼策略都做了应对预案，迎接开庭，没想到竟然没有一个用得上。原告方律师在法庭上攻击的点出乎意料。对方律师主动表态本案纠纷不是遗嘱纠纷，他不认为这协议书属于遗嘱。书记员当庭将对方律师否认协议书属于遗嘱的发言记入了经双方签名确认的庭审笔录。

我有点蒙，原告方难道要自动投降？

对方律师表达观点说，这份协议合法有效，对被告唐晓燕本人有法律约束力，里面清楚约定了被继承人"张勇所有财产、遗产抚恤金、经济即日起与唐晓燕无关"。"遗产抚恤金"是指张勇本人去世后形成的遗产抚恤金，"即日起"

是指直到永远的意思。所以这样的约定包含了"遗产互不继承"的意思表示，法律要尊重死者的遗愿。对方律师认为两人虽有婚姻之名，但家庭经济早已各归各的，因此被告唐晓燕无权继承张勇的遗产。

我很惊讶，对方律师居然选了这两个完全没有胜算的攻击点立论。

协议书中说的"张勇遗产抚恤金"并不是指张勇死后张勇本人的遗产抚恤金，而是指张勇的父亲张老头去世后，张勇本人继承的张老头的遗产及政府派给张老头亲属的抚恤金。这个结论很容易得出，一是协议书的开头写了"因唐晓燕未参加张家遗产分配……"，协议的签署时间刚好是在张老头去世之后几个月；二是这里出现的"抚恤金"也是张老头作为军人，去世后其亲属才有的特殊待遇，张勇是工人，去世后其亲属没有抚恤金待遇。对方律师把协议书里的"遗产"二字强行扭曲成张勇本人对自己死后遗产的安排，对"遗产互不继承"的解读与协议书原意相去甚远，不可能有法官愿意配合做这么离谱的理解。

即便协议书中双方有"遗产互不继承"的意思表示，我在答辩状里也已经完整论证了这种意思表示没有遗嘱的法律效力。但这协议书能不能理解为唐晓燕在被继承人张勇生前放弃了对他的遗产继承呢？即便把这份协议强行理解为唐晓燕放弃继承的声明，这样的声明有法律效力吗？

《最高人民法院关于适用〈中华人民共和国民法典〉继承编的解释（一）》第三十五条明确规定，"继承人放弃继的意思表示,应当在继承开始后、遗产分割前作出"。哪怕唐晓燕本人有意放弃继承,但在丈夫张勇还活着、继承未开始的时候,她白纸黑字声明放弃继承张勇遗产的权利是无效的。在丈夫张勇去世、继承开始后,除非唐晓燕本人愿意出具书面的放弃继承的声明,否则她有反悔放弃继承的权利,她的法定继承权应该得到保障。

开庭约一个小时,基本结束了法庭调查。法官问双方最后有没有新的法庭辩论意见,大家都表示没有什么好辩论的。法官宣布休庭,择日宣判。我对庭审情况很乐观。我们正在收拾东西,法官在走出法庭前回头对双方说:"请原被告双方庭后好好协商解决,你们双方都有败诉的风险。"

出了法庭,唐晓燕一直追问我法官的这句话是不是意味着结果凶多吉少。我轻描淡写地回应,这是所有法官惯用的施加调解压力的手法,不用太在意。她忍不住偷偷问我助理,说又开始失眠了。

我只好亲自打电话,做唐晓燕的思想工作:"法官希望双方调解有很多原因。你这个案件本质上是家事,法官考虑到你们以后还要来往,调解结案、不结世仇,就皆大欢喜了。法院和法官有调解结案的考核指标,完不成任务会有不好的影响。所以,法官这么说非常常见。但法律明确规定,调解要遵循合法和当事人自愿的原则,不能'以判压调',调解不成要及时判决。我对判决结果是乐观的,不能说包赢,但目前无法想象法官会以什么理由判我们输。所有对方可以赢的点我都想到,在法庭上也尽情发挥了。我相信法官听进去了，可以理解我们的观点和逻辑。你可以自己评估一下，看有没有可能和对方谈出一个你满意的调解方案。我的建议是，如果对方不承认你有合法的继承权，双方就没有谈判调解的基础，这样还不如等法院判决。哪怕判我们输，结果也和我方接受对方的调解方案一样。"

这时候的律师工作最难做，当事人渴望律师能给其保证，但执业纪律和诉讼风险告诫律师不能这么做。律师只能尽可能摆事实、讲道理，让当事人明白其中的利益得失。

经过一个月的漫长等待，法院来电通知我拿一审判决书。我方全赢，判决书完全按照我方的预期下判。

关于协议书的性质和效力问题，判决书认定协议书有效，张勇名下的存款及张老头名下房产的一半，均属于张勇的个人财产："关于被告唐晓燕与被继承人张勇签订《协议书》的法律效力问题。《婚姻法》第十九条规定，夫妻可以约定婚姻关系存续期间所得的财产以及婚前财产归各自所有、共同所有或部分各自所有、部分共同所有。约定应当采用书面形式。没有约定或约定不明确的，适用本法第十七条、第十八条的规定。夫妻对婚姻关系存续期间所得的财产以及婚前财产的约定，对双方具有约束力。因此，上述协议签订于被告唐晓燕及张勇的婚姻关系存续期间，并由双方共同签字确认，其法律效力应予认定。依法上述协议应为两人对双方婚内取得的财产进行的特别约定，即各自名下的财产归各自所有，并于双方签字后已发生法律效力。"

关于协议书约定的"遗产、抚恤金"的指向对象问题，判决书完全采纳我方观点："结合协议书的上下文内容及签订的背景，对于其中第四点所涉'遗产、抚恤金'的对象应理解为张勇所继承张老头的遗产及抚恤金，而非对其本人去世后所遗留的遗产及抚恤金的处理，加之根据《中华人民共和国继承法》第十六条、第十七条的规定，上述协议书并非张勇所留存的合法有效的遗嘱，故本案应按照法定继承的相关规定处理涉案遗产。"

法院判决的最终结论是："再次，《中华人民共和国继承法》第十条规定，遗产按照下列顺序继承：第一顺序：配偶、子女、父母。第二顺序：兄弟姐妹、祖父母、外祖父母。继承开始后，由第一顺序继承人继承，第二顺序继承人不继承。没有第一顺序继承人继承的，由第二顺序继承人继承。本案中，被告唐晓燕为张勇唯一的第一顺序继承人，依法可继承张勇留下的遗产，即根据《协议书》约定继承张勇名下所有财产。因此，原告张虎主张名下的涉案财产均应由被告唐晓燕一人继承取得。"

法院支持我方的反诉，判决张老头名下的案涉房屋50%份额归唐晓燕所有，并驳回原告张虎的所有诉讼请求。

04
夫妻长期分居，不影响妻子的遗产继承权

张虎不服上诉。他的上诉状老调重弹，认为张勇和唐晓燕签订的《协议书》包含两人死后互不继承或排除对方继承的意思，并补充了新理由：

上诉理由一：张勇与唐晓燕虽于1988年登记结婚，但唐晓燕与张勇属于再婚，婚后无生育，双方分家分居多年，财产独立、各管各用，夫妻关系名存实亡。由于双方都属军队大院子女，顾及社会舆论和各自颜面，没有办理离婚手续。在这样的情况下，唐晓燕将其户口从张家户口簿迁回娘家，也一直在娘家居住生活，从未照顾张家公婆。张勇则一直跟随父亲张老头在张老头的房屋里居住。双方在财产上早已分离，就连唐晓燕向张勇拿钱都是以借款之名取得，犹如外人。张勇死亡前，唐晓燕已长时间不知张勇的情况，上诉人张虎也长期未见过唐晓燕，待其露面，张勇已死亡三天，尸体腐化，场景凄凉。由此可见，唐晓燕在张勇死亡前后不在场，也不知道具体死亡原因，没有所谓的真实夫妻关系，双方在事实上早已分家、分居、分财产，各自独立。双方正是基于这样的背景在2016年12月28日签订《协议书》，其内容不仅包括确认各自财产独立的意思，还包括了双方生前互不干涉、死后互不继承的意思。

上诉理由二：《协议书》中并没有约定哪些财产属于哪一方的个人财产，可见《协议书》订立的目的不是区分个人财产，事实上由于双方各自的财产早已独立、各管各用，已经形成事实上的区分，没有必要再

以书面形式再做区分。而该《协议书》的重点内容是约定了各自的财产、遗产抚恤金从即日起与对方无关，双方以后生活互不干涉，老死不相往来。《协议书》第四条"张勇所有财产、遗产抚恤金、经济即日起与唐晓燕无关"表明张勇对于其遗产和抚恤金做了排除唐晓燕继承的安排之意；"即日起"即表明是从签约之日2016年12月28日起至死后永远的意思，包括生前与死后的时间。协议中的约定对生前和死后都具有法律效力。《协议书》字里行间都显示出双方不干涉对方财产和遗产的坚决意愿，表明双方生死决裂，各自财产与对方彻底永远无关，因此，《协议书》的内容包含了双方死后互不继承的意思，否则该《协议书》没有意义和任何必要。一审法院将《协议书》中"张勇所有财产、遗产抚恤金"认定为"张勇从张老头处获得的遗产抚恤金"违背协议本身的真实文意，改变了语言逻辑。

上诉状把唐晓燕彻底激怒，她骂张虎胡说八道。唐晓燕在一审中向我反复说张虎为人不坏，双方关系一直很好，不愿意说小叔子的一句坏话。眼下这位60多岁的妇人终于从对方上诉状的不堪内容中看到了人性的阴暗。

这太稀松平常了。如果当事人不想试探人性的阴暗面，在诉讼中往往意味着要让渡自己的合法权益，通过调解结案，避免对方为达目的不择手段。如果当事人对自己的权益不在乎，或意志不坚定，同时方法不得当，他的让步很可能是无止境的，不能换来对方的适可而止。这些话，我早在一审庭审结束时就和唐晓燕说了。她看到上诉状，还是忍不住破口大骂。

我看完上诉状，异常轻松。这些上诉理由没有任何杀伤力，完全抓不到一审判决书的核心要害，注定对方一输再输。

张虎的律师提交了张勇生前的一本笔记本，上面有手写的记账，内容是唐晓燕找张勇拿钱，被他在笔记本中记录为借款，对方以此说明他们夫妻关系名存实亡。除此之外，对方没有提交其他证据证明上诉状中增加的所谓新"事实"。

我告诉唐晓燕根本不用理会这个上诉状，我方可以不提交任何证据反驳对方。因为对方提出的所谓新"事实"，哪怕有足够的证据能证明，也不足以推翻一审法院认定的事实和裁判结果。

逻辑很简单，我们只需要反问，难道丈夫在家突然去世，老婆仅仅由于不在他身边就丧失继承权吗？两夫妻长期分居，会导致继承权丧失吗？《民法典》第一千一百二十五条规定，"遗弃被继承人，或者虐待被继承人情节严重"的情形下，继承人会丧失继承权。这需要一方明确向法院提出审查是否存在上述丧失继承权的法定情形。

张虎及其律师在一审的整个诉讼过程中没有指控唐晓燕遗弃或虐待被继承人，在二审上诉状中突然提及，但没有列举证据证明唐晓燕是否构成"遗弃"或"虐待"，这就是典型的道德指控：法律上无法打败对方，就让对方在舆论上声名狼藉，"社会性死亡"。

哪怕我方大胆承认张勇的真实意思就是死后自己的财产与唐晓燕无关，难道不需要按照继承法的规定，判断协议书是否构成遗嘱，其是否直接具有法律效力，且法律效力能够及于死后？否则，国家没必要另外出台继承法律，规定各种各样有效遗嘱的苛刻条件。

唐晓燕觉得，对方在法庭上打舆论道德牌，我们还是必须反击，这不是钱的问题，这关系到她的清白和名声。

律师应该如何处理无关法律责任的事实和当事人意愿？律师是法律专业人士，不是舆情专家和公关人士，但在类似唐晓燕的案件中，律师的媒体素养很重要。如果只说诉讼，对方的诉讼请求里没有明确要求确认存在遗弃或虐待被继承人的丧失继承权情节，我们作为被上诉人方无须理会这样的非法律事实指控。但我最终决定满足唐晓燕的要求，指导她从两个方面收集反驳对方道德指控的证据：一是唐晓燕与张勇过去几年亲密互动的证据；二是张勇死亡的前几天，唐晓燕的工作繁忙情况。

唐晓燕整理出丈夫去世前一年双方的微信聊天记录。我很震惊，年过花甲的夫妻几乎每天都有联系，相互提醒注意天气变化、晒被子，约哪个酒楼喝茶，煲汤要放什么材料，推荐对方看哪个台的电视剧，台灯坏了怎么换，等等。彼此体贴入微，堪比热恋男女。特别是张勇去世前三天，唐晓燕还提醒他买黄糖别在网上买，超市的更正规。

张勇去世前两天没有聊天记录，唐晓燕说是因为接到很急的防治登革热任务。我建议她让公司和客户出具情况说明。唐晓燕赶在开庭前，找齐了四个公司客户签署的承包合同，出具了情况说明，证明她连续两天加班；她的公司也出具了情况说明，证明她的工作强度非常大。

唐晓燕还找到了自己52岁时做妇科手术的住院知情同意书和张勇57岁时的住院病历资料。这些文件显示，双方互为授权委托人，委托对方在手术治疗过程中代理签署一切文件。这些资料年代久远，都盖有医院的公章，不可伪造，能够说明对方在过去几年一直守望相助，不是张虎上诉状中说的"夫妻关系名存实亡"。

准备完这一切，二审的开庭我成竹在胸。

法官只审理了不到一个小时，抓住几个重点问对方律师，试图总结本案的争议焦点是协议书是否具有遗嘱的法律效力。

对方律师反对，自始至终回避遗嘱的问题，他的理解是，除了遗嘱，还有其他文件可以排除法定继承。对方律师认为争议焦点应该是，协议书是否可以作为排除唐晓燕继承权利的依据。

法官很无奈，同意他归纳的法庭争议焦点，让他首先发言辩论。对方律师想重复上诉状观点，强调协议书包含了"互不继承"的意思，法官打断，要求他只发表新的辩论意见，如果没有请不要重复发言，节约法庭时间。对方律师有些不情愿，只好尊重法官的意见。

我方的辩论意见很简单：除了有效的遗嘱，没有其他任何文件可以改变法定继承的法律规定，协议书是婚内财产协议，无法构成有效遗嘱；关于本问题的论述，详见我方答辩状。

庭审结束，法官退场。正在签庭审笔录时，张虎突然咆哮，大声质问唐晓燕最近是不是回去他父亲的房子，张勇的遗像摔在地上是不是她干的。唐晓燕被激怒,当场与其对骂。双方的陪同家属及时拉开了他们。

我和亲属拉唐晓燕离开法庭,躲避无谓的冲突。我安慰她:这是张虎最后的挣扎,他知道自己输定了,才来这么一出。你只要远离他,其他事情交给我们律师就好。

结果完全如我所料,二审我方全赢。

法官在判决书中评析:

本案二审争议的焦点是张勇遗产的继承问题。对此,本院评析如下:首先,我国《婚姻法》规定夫妻财产以法定共同共有为原则,以约定分别制为例外。本案当中,张勇生前与唐晓燕通过《协议书》的形式约定婚姻关系存续期间所得的财产归各自所有,审查签订协议时张勇、唐晓燕均为完全民事行为能力人,《协议书》系双方当事人的真实意思表示,应为合法有效。但我国法律并无明确规定,夫妻财产约定分别制后即排除了夫或妻相互继承财产的权利。

本案中,直至张勇死亡,唐晓燕仍是其合法妻子,并无充分有效的证据证明唐晓燕存在法定丧失继承权的情形。张勇死亡时并无订立遗嘱或者遗赠协议,依法其遗产应当按照法定继承处理。审查《协议书》订立的时间,条款上下文的文义表达,本院认可一审对《协议书》的分析和认定,即《协议书》从形式要件及实质要件,均不符合我国《继承法》第十七条关于自书或代书遗嘱的规定,即一审认定《协议书》的法律拘束力仅限于张勇与唐晓燕之间夫妻财产分别所有的约定,在张勇死亡后其个人财产按照法定继承的处理正确,本院予以确认。

而且,关于张虎在上诉状中称张勇与唐晓燕生前即老死不相往来,不尽夫妻扶助义务等意见，唐晓燕已经提交了其与张勇日常微信聊天记录、病历、手术知情同意书及其工作证明等证据予以反驳，上述证据的三性成立（作者注：'三性'即真实性、合法性和关联性），本院予以采纳。张虎上诉称《协议书》包含了张勇与唐晓燕死后互不继承或者排除对方继承权的意见，因缺乏事实和法律依据，本院不予支持。

二审判决书还给了唐晓燕清白。她收到判决书，哭了整整一晚，为小叔子对自己的莫名指控得到澄清喜极而泣。

最惊喜的是，法官突破一审判决回避对协议书性质认定问题，直言"我国法律并无明确规定，夫妻财产约定分别制后即排除了夫或妻相互继承财产的权利"。这将为全国其他同类案件提供重要的参考结论，具有理论上的普遍意义，会成为遇到同类案件的法官和律师同行渴望得到的先例和类案判决书。我将这视为律师职业生涯中的荣耀。

唐晓燕要送给我一面锦旗，我破例答应，愉快地接受了。锦旗上的八个字是，"专业精进、料事如神"。

八、夫妻财产分别制：婚姻不是合伙做生意

哪怕夫妻公司只有夫妻两个股东，夫妻也不能把公司的资产当成双方共同的家庭资产。离婚时，夫妻一方只能要求分割股权，而不能要求直接分割夫妻名下公司的资产。

01
复制精英妻子

王博，出生于上海的公务员家庭，父母都是国家干部，住在徐汇区有名的学区房。他就读的中小学都是国内名校。20世纪90年代初，国家试行中学校长推荐制。王博当时是高三的优秀学生，被校长推荐，高考免试，直接进了全国排名前十的一所985大学就读韩语专业。王博被保送研究生，其间去了韩国的最高学府当交换生。

接受了近20年精英教育的王博非常自信。硕士回国后，他在珠三角地区的考研小语种教育培训领域创业。学生时代的王博喜欢在校内网论坛上分享自己的保研经验和研究生小语种的考试动态。他擅长经营"学霸"人设，在考研越来越红火的高校学生社群中非常有影响力。经过十几年的努力，他垄断了该地区小语种细分领域的某个线上培训市场，进入

千万身家的社会精英阶层。

他的事业平稳、快速发展，但婚姻生活非常不顺。初婚对象是同校的研究生同学。两人有一个女儿。某次冲突，作为独生女的妻子在冲动下回到2000公里外的娘家，找了新工作安定下来。

王博追过去挽回妻子，尝试复制业务重新发展。考研小语种教育培训在当地没有市场需求，王博很快便吃了败仗。为了稳住珠三角地区的业务，王博没有与妻子达成一致意见就回到深圳。夫妻俩开始长期两地分居。意见不统一产生的矛盾无法解决，最后两人以离婚收场。

女儿跟了前妻，试图维系友好关系的王博一次性支付了数十万元的抚养费。前妻却再也不让王博见女儿了。前岳母每次总是在电话里先"教育"王博一个多小时，才允许他和女儿说上几句话。数次语音拉锯战后，王博与前妻一家断了联系，和女儿成了相隔千里的陌路人。

每次想起女儿和这段失败的婚姻，王博心里就隐隐作痛。他开始不太信任女性。

一年后，王博在聚会上认识了学艺术的吴晓敏。她比王博小10岁，出生于贵州偏远山区的务农家庭，有四个哥哥、姐姐，是家里最小的女儿。大专学历的吴晓敏是公司文员，性格开朗热情，在人群里很出众。吴晓敏自然流露出的小女生特有的仰慕，让王博很受用。两人加了微信后频频约会。

后来，王博回忆说："总觉得有点不真实。晓敏知道我单身后很主动，还有点着急。我们才见面几次就发生关系了。"

当时的王博已经很长一段时间没有亲近异性了,年轻、有活力的吴晓敏给他压抑的生活带来了久违的激情与放松。

王博喜欢晓敏的心思单纯,不同于前妻的精致利己。但他很在意晓敏的家庭出身和学历背景,也不敢向父母交代恋情。王博鼓励晓敏辞职考研,亲自教她学习方法和考试技巧,在经济上支持她,让她专心复习。在王博的帮助下,没有天赋、两次高考才考上艺术大专的晓敏一次性考上了著名美术学院的研究生。

学历提高后的晓敏得到了阶层跃升的通票,没有人比王博更开心了。两人名正言顺地公开见双方父母和亲朋好友。研究生入学后的晓敏觉得两人关系水到渠成,心直口快地主动提出结婚请求,却没有得到王博的热烈回应。

通情达理的晓敏很容易就想到了问题的症结,被前妻深深伤害过的王博是在担忧过千万元的婚前财产。为了打消王博的顾虑,晓敏进一步主动提出,不会打他财产的主意,双方可以签婚前财产协议。王博喜出望外,庆幸自己找到了爱他这个人而不是他的财产的好女人。

王博请教了认识的法学院同学,亲自起草了婚前财产协议——

第一,关于婚前财产,协议列举了王博的婚前财产主要是几套房产、若干字画、存款、理财产品、股票、基金及对外债权,吴晓敏无婚前财产,双方确认婚前财产归各自所有。

第二,关于债务,双方共同确认王博名下一套还在按揭还款的房产所欠房贷为王博的个人债务,并特意约定"双方婚前各自所产生的债务由各自独立承担"。

第三，关于投资收益，协议里有一条："用婚前财产投资设立的公司，或者用出售、出租等处分婚前财产的所得投资设立的公司，或者用婚前财产收益投资设立的公司，股权归各自所有，经营收益归共同所有，风险共同承担。除以上外，婚前财产产生的增值孳息及其他各类收益、处分婚前财产所得及用处分婚前财产所得进行再投资所得各类收益归各自所有，损失和维护费用等各类成本风险各自承担。可以经由自愿用于共同生活开支。"

王博的如意算盘是，签订了婚前财产协议，自己的事业成败和婚姻可以互不影响、独立发展，不受晓敏掣肘。他的考研外语培训业务一开始采用的是很不规范的手工作坊形式，没有注册公司。连办公场地的租金支付和聘请老师的劳务报酬，都是王博以个人名义直接从银行账户支出的。王博以为通过婚前协议安排好婚前财产，就可以为婚后正规化、规模化经营留出空间。婚后，王博注册了"深圳××文化教育咨询有限责任公司"。后来的业务多以公司名义开展，但公司财务还是延续过去"走私账"的习惯。

婚前协议是王博拟订的，晓敏没有细看就爽快签名了。王博很感动，觉得晓敏对他一定是真爱，恢复了对婚姻的信心和安全感。他带晓敏回上海看父母。名校硕士在读、年纪小10岁、外貌不错、愿意签婚前协议，王博把晓敏的情况一一说明，得到父母的认可和祝福后进入婚姻。

晓敏完成了结婚、怀孕、生子和攻读硕士学位的人生大事。她毕业后的工作去向成了夫妻俩的第一个矛盾源头。

王博希望晓敏去大学教书。但晓敏的第一学历是大专，这让她不可能去好的高校任教，只有进一步博士深造才可能在高校有发展前途。王博张罗着为她申请海外博士留学的机会，动用人脉资源给她找到艺术领域有影响力的教授写推荐信，联系好韩国一所知名大学的研究所，晓敏只需要通过韩国语能力考试（TOPIK）就可以入学。韩语培训是王博的主业，如果能够帮助妻子成功申请韩国名校的博士生，这会成为最有说服力的广告招牌，为公司的教育培训和资源能力背书。

晓敏勉为其难地接受安排，参加了TOPIK考试，但没有通过。晓敏向王博坦白："我没有那么大的理想抱负，只想平平淡淡地和你生儿育女。我走出边远山区，能和你在大城市安家，已经很满足了。我不想去韩国，也没有能力成为你想让我成为的精英……"

王博耐心地劝晓敏："多少优秀的人想读博士没有资源。我把路铺好了，你还不想走。你怎么对自己这么没有要求呢？我怎么给韩国那边的博士生导师交代呢？我是做考研教育的，培训中心的老师和学生都知道了你要去韩国读博士，如果你现在半途而废，我这个公司老板还有威信吗？"

晓敏还是无动于衷，她对现在的生活很满意。王博第一次对晓敏失望。后来他说："晓敏让我在外面没有面子是其次。最重要的是，我慢慢发现，我们的价值观有根本的冲突。她太容易满足和安于现状了。而我和刘律师你一样，是有精英情结的。这么多年的精英教育，身边这么多精英路上的同行者。一旦把精英作为自我认同,就再也没办法甘于平庸了。要我一起停下来,就等于否定了我一直以为她能理解和爱着的那个我。"

失望归失望,婚姻已成既定事实,儿子也出生了,一切木已成舟。没有读博的晓敏进入王博的公司帮忙处理财务、接洽客户等综合行政事务。王博本来以为,大专学历的晓敏足以胜任,没想到,性情随意的晓敏到处闯祸。

他和一位博士生导师合作洽谈的饭局上,晓敏随口说了句:"我老公很讲原则,疾恶如仇,不太懂变通,请您以后多多包涵。"饭后,这个合作黄了。王博认为是晓敏不懂说话、暴露他的缺点导致的。

晓敏的心不坏,但口无遮拦、不知分寸,总是忽视复杂的办公室政治和小圈子的人情世故,无意间散播王博个性缺陷、家庭隐私和他们夫妻矛盾的传言。这让王博在自己的老师、下属、同学圈子里很尴尬。

王博很后悔让她参与公司事务。看着势头不对,他赶紧帮她联系了深圳的一所民办职业学校,让晓敏入职成为没有事业编制的合同制教师。

他转而把儿子当成精英培养的新对象。儿子更亲近晓敏,王博千方百计挤出更多时间陪伴儿子。他希望儿子受他影响更多,不要和晓敏一样对自己没有要求。

儿子刚满周岁,王博就开始在深圳最好的地段找学区房。经过数个月的比较,他相中了一套,和售楼员口头说好周末签合同。准备下定金前,他非常谨慎地约晓敏一起去中国人民银行把双方的征信报告打出来。确保双方的征信没问题，才能顺利贷款，签订购房合同。如果先付了定金或首付，但因为征信问题不能贷款，开发商有权以买家过错为由没收首付款冲抵违约金。这个损失是以百万计的，办事滴水不漏的王博不想犯这种低级错误。

王博的征信没问题，但晓敏的征信报告让他惊呆了，她居然有数笔网贷公司的小额贷款没还清。他们的房贷标的是过千万元的，晓敏的这些小贷记录会严重影响房贷的审批，银行很有可能不愿意冒风险将巨额房贷发放给有多笔小额贷款的客户。

晓敏被追问后说出实情。两人恋爱期间，晓敏父亲因为涉嫌走私罪被公安机关羁押。她哥哥听信司法黄牛声称"30万元就可以把人捞出来"的承诺，要求她分担10万元。当时在考研、毫无积蓄的晓敏唯有在多个小额网贷平台借款凑钱。她不敢告诉王博这件不光彩的家事。债务到期无力偿还，她只好继续瞒着王博借新贷、还旧贷，直到打征信报告时仍未还清。她没想到，自己频繁的贷款记录会影响夫妻婚内买房的贷款信用。

这起网贷征信事件构成了他们的第二大矛盾源头。王博看中的那套高端房产，不到一年，总价从900多万元飙升到1500多万元。谨小慎微的王博拿着晓敏的征信报告，通过各种关系反复向很多银行的内部信贷人士求证，都没有得到确保能够顺利贷款的承诺，眼睁睁地错过这波行情。他很气愤妻子总是在关键时刻掉链子、拖后腿。如果说之前只是影响他个人或公司，他还能勉强承受相应的代价。但现在事关儿子的前途，他再也不能忍了。

王博就征信问题严厉指责晓敏。她并不认为自己有错，甚至顶撞王博："没必要非要给孩子最好的学位啊，只要他的童年在快乐中度过就好了。"

王博开始出现离婚的念头。他嘴里没说，但两人的关系再也不像过去那么火热了。他对晓敏不理不睬，尽量避免面对面说话，以免在孩子面前吵架。他们开始以邮件和微信文字的方式对话。王博是有意为之的，觉得晓敏说话反复无常，第二天就不认账。

结婚第一年，王博要注册公司，晓敏提出要做占比10%的股东，王博答应了。晓敏很开心，因为公司的所有投入都是用王博的婚前资金。王博把注册公司的事情交给晓敏。正式办理注册前一天，王博开车，晓敏坐在副驾驶座，路况复杂，王博精神很紧张。晓敏突然提议要将自己的10%股份增加到20%。王博有点奇怪为什么晓敏会提这个事，想着反正是妻子，自己还是大股东，随口答应了。

晓敏准备好注册材料，大着肚子和王博去工商局办理公司注册登记，直接让工作人员登记双方股份各50%。王博发怒："你怎么这么不要脸！"晓敏看王博生气了，立马和工作人员说："我觉得我们是夫妻，股份理所当然是各自一半。既然他不同意，那他说多少就多少吧！"

公司股权比例的问题只是冰山一角。屡屡吃亏的王博开始拒绝和晓敏在严肃的事情上面对面口头交流。他要求晓敏发邮件，留下记录。

王博对晓敏不再抱期待，他重新定义了自己的妻子：知识文化基础不牢，没有受过系统性的精英教育，不自律，对自己没有要求。维系和她的婚姻，日子肯定会越来越糟糕。更重要的是，儿子受她影响过大的话，一辈子难有成就。

僵局持续了一年多。两人不在孩子面前吵闹，维持着表面的风平浪静。夫妻依然生活在一起，同床共枕。晓敏和孩子关系好，陪孩子玩得更多些。王博工作之余都在陪孩子，希望抢赢孩子的关注和喜欢。晓敏戏谑："王博，你除了不会生孩子，其他的比任何女人都厉害！"晓敏以为王博会慢慢放下对她的成见，王博在等待晓敏主动变得对自我有要求，不再情绪多变。

长期缺乏深度沟通的两人始终没办法解开心结。双方在微信、邮件上相互攻击，沟通无果。王博开始冷暴力，晓敏请王博的弟弟、双方都认识的老师介入沟通，还是没有任何改变。晓敏心灰意冷，去法院起诉离婚。

王博收到了法院的传票和起诉状副本，晓敏要求孩子抚养权归她，按王博固定收入的 20% ~ 30% 支付抚养费，并要求分割公司经营收益和婚前房产的婚后还贷及增值部分。

02
"夫妻公司"的资产不是夫妻共同财产

过去十多年，我和王博的共同话题仅限于泛泛的法治、时政热点，从来不谈私人生活。婚姻家事案件的私密性决定了我的业务来源中熟人比例很小。

他在开庭前两个月找到我。我对他的坦诚感到意外，也感动于他对我专业能力的信任。他尴尬地说，自己的离婚案不大，不好意思麻烦我这个只办大案的大律师，只要给他安排小律师跟进就好了。我以为他是担心律师费，打断他："你是我多年的老朋友，我希望亲自给你打，律师费方面好说。"他连忙解释不是费用的问题，只是觉得自己鸡毛蒜皮的案件没价值。

王博多给我支付了近一倍的律师费。他说自己心灰意冷，如果晓敏想要分割公司的经营收益，他宁愿以给员工加工资、多报税的方式把公司的财务做空，也不愿将钱分给她。我很诧异，劝他不要冲动。王博冷静地说："钱在她手上，只会害了她。如果孩子也判给她，那等于害了孩子。她肯定会拿着分到的钱回贵州老家发展。到那时，她和儿子会完全复制我第一任妻子的做法，拿到钱之后以各种借口断掉我们父子俩的联系。"这种顾虑也是他主动给我多付律师费的原因。

我给王博分析，他公司经营收益的离婚分割要分三个问题讨论——

第一个问题是，公司开成夫妻店，离婚时公司的资产能不能直接作为夫妻共同财产分割？我向王博介绍了北京市高级人民法院指令再审的（2016）京03民再26号案：

北京市有一对夫妻婚后共同创业开公司。公司股东只有夫妻两人，各占50%股权。公司财务与家庭开支混在一起，没有明确区分。两人在结婚满15周年时闹离婚，起诉到法院。一审法院和二审法院均判决公司名下的汽车、机器设备、办公用品等资产及公司所有债权债务全部归男方所有。终审判决生效后，女方不服，申请再审。

女方找专业的会计师事务所审计出公司还有1700万的待分配利润。女方要求就公司的资产及债权债务关系进行重新分配。北京市高级人民法院受理后，裁定由北京市第三中级人民法院再审。北京市三中院再审的处理结果翻盘了。再审判决书认为，这家"夫妻公司"在夫妻关系存续期间经营所得资产（含未分割利润）以及公司的债权债务都不属于夫妻共同财产，一审、二审法院将这些公司资产直接判给男方是错误的，应撤销一审、二审的判决书。

法院为什么会这样判呢？

公司是有独立法人资格的。公司是"人"，和股东一样。公司的资产属于公司，不属于股东，不能把公司理解为股东的所有物。法律上，股东不享有对公司的所有权，股东不能像对待自己的私有物一样随意处置公司的资产。哪怕夫妻公司只有夫妻两个股东，夫妻也不能把公司的资产当成双方共同的家庭资产。

股东对公司没有所有权，只有股权，股权和所有权不一样。离婚时，夫妻一方只能要求分割股权，而不能要求直接分割夫妻名下公司的资产。

公司的财产不属于夫妻共同财产，在离婚诉讼期间会不会被转移？很有可能，而且夫妻一方不能通过法院阻止公司通过一系列交易转移资产。因为公司是独立的法人，它的经营和决策是不受股东私人的离婚诉讼影响的。公司可以在离婚诉讼期间通过一系列交易合同，甚至以纠纷诉讼的方式，把利润和资产输送给其他组织或个人。可以说这是钻法律漏洞，但法律确实优先保护公司的经营自主权，夫妻双方不能在离婚诉讼中要求查封、冻结公司名下的资产，或干扰公司的正常经营。

法院不允许夫妻在离婚诉讼中分割公司资产，那应该怎么争取财产呢？

股东可以另案提起公司解散诉讼、股东知情权诉讼、公司盈余分配诉讼，甚至申请公司清算等，将分红权、解散权等股东权利，通过上述商事诉讼变成实实在在的个人财产所有权，夫妻才能按离婚后财产纠纷分割共同财产。而这些商事诉讼适用的是《中华人民共和国公司法》（以下简称《公司法》），而不是《民法典》婚姻法律的相关规定。

公司的法人独立财产权制度对主要承担家庭责任的夫/妻很不利。特别是全职太太，丈夫在外面开公司赚多少钱，那都是公司的钱，法律上不是丈夫的钱。妻子很难分到公司账上的钱。丈夫如果不想分，他可以用很多种合法手段让妻子一分钱都拿不到。弱势一方可以怎么办呢？最好的办法是通过婚前协议或婚内协议的方式有效沟通，白纸黑字约定公司股权和个人财产的分配方案。反过来，优势一方也可以通过婚前协议或婚内协议，强化自己对公司股权及其经营上的绝对控制权。

王博的离婚纠纷案还有两个问题：王博签订的婚前协议能不能保护他的公司股权及其经营收益免受要求离婚的妻子分割呢？如果要分割，按什么比例分割？

我给王博提供了一个权威案例，方便他理解法院的裁判逻辑——

甘肃省有一对夫妻，结婚后在甘肃共同注册了一家商贸公司，又在北京经营一家餐饮公司，生意做得非常大。北京的餐饮公司开了五家分店，每年营业收入高达几千万元。但餐饮公司的营收没有进公司的银行对公账户，而是走丈夫的个人银行账户，进了私账。

十几年后，儿女长大，夫妻的婚姻走到尽头。妻子提出离婚，向法院起诉：一、要求判令分割丈夫私人银行卡里的近2400万元；二、要求判令将餐饮公司和商贸公司经营收益的70%（共4500万元）归自己所有；三、要求分割在丈夫一人名下的餐饮公司的股份和酒楼品牌的商标；四、商贸公司的股份，除了自己的10%部分，女方还要求分割男方名下的90%股份。

男方坚决反对女方的诉讼请求，认为个人银行卡是作为餐饮公司结算使用的，里面的钱都属于公司，不是夫妻共同财产。男方反驳，经营酒楼的餐饮公司虽是婚后设立，但起初是自己一人苦心经营，之后与两个成年子女共同经营，女方投入精力较少，最多只能分1/4给女方，不同意分一半。在漫长的诉讼过程中，男方分两笔转走了个人银行卡里的近2400万元余额。

男女双方谁更有道理，法官会支持谁呢？（2019）甘01民终1081号案经过兰州市城关区人民法院和兰州市中级人民法院两级法院审理后，兰州市中院终审审理认为：

女方要求分割商贸公司、餐饮公司和酒楼商标，这些公司从法律形态上均是有限责任公司。有限责任公司的法人人格是《公司法》明文规定的。公司依法成立后就具有独立的人格和法人财产权。公司虽然以夫妻一方或双方名义设立，但公司经营所得资产（包括有形资产和无形资产、收益）和债权债务是公司财产范畴。

酒楼的注册商标属于餐饮公司所有的知识产权，属于公司的无形资产。公司财产不能由股东随意提取或分配。公司经营收益是公司法人的财产范畴，不是股东个人财产，更不是夫妻共同财产。因此，女方要求分割酒楼的经营收益和商标的诉讼请求不符合法律规定，不予支持。

商贸公司作为有限责任公司，夫妻双方分割其股权时应按照《婚姻法司法解释（二）》第15条的规定，"当事人协商不成或者按市价分配有困难的，人民法院可以根据数量按比例分配"。该商贸公司是男女双方作为股东、没有第三方参与出资的公司，是民间俗称的"夫妻公司"。"夫妻公司"注册时，夫妻股权比例的配置往往带有随意性或者出于形式上的需要。除非夫妻双方对夫妻关系存续期间的财产有约定，否则公司注册登记机关的夫妻股权比例的配置并不能反映夫妻实际权益的分配，工商登记夫妻股权比例不能作为夫妻财产所有权份额的依据。

商贸公司虽在工商部门登记女方占有10%股份、男方占有90%股份，但基于上述理由，女方要求分割该公司的股份的诉讼请求符合法律规定，予以支持。

对于男方转走的近2400万元，法院认为民事活动应当遵循诚实信用原则。男方在与女方离婚诉讼期间，未经女方同意，将自己名下的大额存款转走。虽然男方解释说钱款转走是用作公司经营用途，但经查该两笔转款分别转入儿子和儿媳妇名下，并未转入公司账户。该款项的实际用途，只有男方单方陈述，并无其他证据予以佐证。男方在法院调查取证夫妻共同存款的同期转走其名下大额存款，对转走存款行为的法律后果应当是明知的。故法院认定该转走的资金为夫妻关系存续期间的共同存款，男方应分给女方约1200万元。

最后，法院判决：对女方要求分割公司经营收益4500万元和酒楼商标的诉讼请求不予支持；对于餐饮公司和商贸公司的股权份额，法院判决男女双方各占50%；男方个人银行卡转走的资金为夫妻关系存续期间的共同存款，由双方各分得约1200万元。

王博现在遇到的问题，和这个（2019）甘01民终1081号案类似——

第一，王博公司的股权，很可能会被晓敏分掉一半。他的公司也属于典型的夫妻公司，只有丈夫和妻子两个股东。虽然工商登记是王博的股权占80%、晓敏占20%，但参考上例，法院判决的最终结果大概率会是双方各占50%。

第二，王博个人银行卡里的钱，也有被晓敏分掉一半的风险。王博公司的营业收入，和绝大多数财务不规范的公司一样，都没有入公司的银行账户，而是用王博的个人银行卡进出。他无法举证个人银行卡里的这些资金到底是个人财产还是公司财产。法院很可能会像上例一样，认定为夫妻共同财产，需要分割。

第三，王博与晓敏签订的婚前财产协议，能不能成为王博争夺公司股权和公司资产的救命稻草呢？婚前协议里有关键性的一句："用婚前财产投资设立的公司，或者用出售、出租等处分婚前财产的所得投资设立的公司，或者用婚前财产收益投资设立的公司，股权归各自所有，经营收益归共同所有，风险共同承担。"

如果王博能证明公司的出资来源于他的婚前存款，根据婚前协议的上述约定，至少他名下80%的股权归他个人所有。至于约定的公司"经营收益归共同所有"，我方可以该约定侵犯公司的法人财产权为由，主张"经营收益归共同所有"无效，经营收益没有按照公司法规定以通过股东会投票决议的方式实际分红之前，都属于公司的资产，股东离婚不能直接分割公司财产。

王博可以怎样证明自己名下个人银行卡里的钱属于公

的经营收益和流动资金呢？谢天谢地，晓敏亲笔签名且已经提交给法院的起诉状里这样写了："在夫妻关系存续期间，双方共同经营了深圳××文化教育咨询有限责任公司。其收学员的学费均未走公司的公账，都是通过其支付宝、微信和其个人的银行账户收学费。因此，原告方吴晓敏主张分割夫妻关系存续期间双方共同经营的公司及其所得……"

王博说，婚前财产协议写明晓敏是没有婚前财产的，投入发展婚后成立的公司的资金肯定来源于他的婚前存款。

根据上述婚前财产协议的约定，我们乐观地推导：王博用婚前存款投资设立公司，他名下公司的80%股权属于他的个人财产；由于晓敏在起诉状中自认王博个人名下的存款属于公司经营所得，所以无须按夫妻共同财产分割。

03
什么样的婚前财产协议才有效

王博意识到当时的婚前财产协议没有考虑周全，有点后悔婚前没有安排好个人财产的隔离问题，很担心婚前财产已经与婚后财产混同。结婚五年来，婚后的各类资金通过他的个人银行卡进进出出。特别是一套婚前购买、婚后按揭还房贷的房产，他要证明每月偿还银行贷款的钱全部来源于婚前存款或其他个人财产，是很困难的事情，他心里没有把握。

他的如意算盘是不能让晓敏分到超过25万元的财产。以他对生活上无欲无求的妻子的了解，一旦超过25万元，她一定会离开生活竞争压力大的一线城市，回贵州老家发展。

通盘考虑后，我告诉他，如果要实现不与对方分割财产的目的，建议他不同意离婚，这样可以为他多争取一两年时间处理干净公司经营收益的问题。

这只是我表面上建议他不离婚的理由。办过很多"以假乱真"的离婚案之后——特别是经历了本书中的刘娟离婚案后——我希望给离婚纠纷的双方留足余地。"宁拆十座庙，不毁一桩婚"成为我要求自己要更加严格执行的婚姻律师信条。我没有和王博的妻子打过交道，王博的一面之词在逻辑上是自洽的，但他们的孩子是无辜的。我希望他再给自己时间审视这段婚姻，同时也给我们团队介入斡旋的机会。

经过反复讨论，他最终被我说服，认为"以拖待变"的选择最符合他的利益。

开庭前一个月，我以谈案情为名约王博来李湘老师的心理咨询工作室坐坐。我们不打算直接和他谈打官司的细节，而是先由李湘和他玩"心理牌"。这是李湘在婚姻调解工作中常用的心理测试工具，让当事人做主观心理活动测试题，根据他们选择的牌面答案，引导当事人说出内心深层的真实想法。

间歇性咳嗽的王博状态很不好，和上次见面时相比，明显憔悴了很多。在李湘的引导共情下，王博说了与妻子的种种问题。他认为妻子一直在拖累他，结婚后自己一直诸事不顺。王博越说越激动,情绪有些失控。李湘判断,王博已经很久没有对外倾诉和发泄了,对于妻子的离婚起诉,他心里很纠结和痛苦。李湘趁机提出:"王总,咱们不说那些不开心的事情了。我们不如放松下来,玩个心理牌吧。我通过牌面看看你和你太太的婚姻还有没有转机,好不好?"

王博欣然答应。李湘让他按要求摆出自己与妻子关系状态的心理牌。根据牌阵,李湘发现王博与晓敏的性格特质完全相反:王博为人谨慎,生活自律、有条理,内心保守悲观;晓敏为人乐观,自由随意,乐于分享,情绪多变。

李湘说:"王总,从牌面看,你眼中的太太还是有优点的。你太太乐观和乐于分享的特质最开始应该很吸引你。她随意、没有心机,应该让你在生活中很放松。她和儿子的关系应该也很不错。只是不知道从什么时候开始,你们开始情绪对抗,都变得以自我为中心。太太变得越来越随意,而王总你变得越来越悲观。"

王博很惊讶,连连点头:"李老师,你都说对了。最开始我们感情很好。她以前很爱卫生,经常收拾。自从我们闹矛盾,家里乱七八糟。她没什么心机,人不坏,就是对自己没要求,生活太随意了。你看这张图片,晓敏半夜和一个男人在酒吧喝酒自拍,她居然毫不避讳地发在了朋友圈。我不确定她以后会不会继续对我忠诚。"

李湘继续分析:"王总,你和太太的性格特质很不一样。她确实隐瞒了帮助娘家的事情,也不愿意踏出舒适圈。但她作为太太,能有工作收入,带好孩子,照顾家庭,让你可以专心地做事业，其实挺不错的。尊重她的性格和想法，你们相处起来会更好。你用你的视角看太太，她同样也在用她的视角看你。你看到太太有优点和缺点，她也会认为你有优点和缺点。两个人走进婚姻很不容易，现在有了孩子，未必一定要用离婚解决问题。你们可以尝试相互理解，尊重差异，站在对方的视角看问题。以后主要的大事由你定夺，孩子和家庭事务交给太太打理，可以通过刘律师重新起草婚内财产协议约定家庭分工与财务状况，你们的婚姻还是可以继续的。"

他认为李湘讲得很有道理，答应让李湘介入调解和好。我们三人拉了微信群随时沟通细节，等待合适的介入时机。

距离正式开庭还有一个星期，李湘在群里问王博最近和晓敏的相处怎么样。他说已经不能再假装不知道诉讼了，和晓敏说自己已经收到诉状。我问他们有没有吵架。他说没有，两个人没有讨论官司的事情。

李湘好奇："刘律师说你们现在还住在同一个房间里，你们还有沟通交流吗？最近还有性生活吗？"

王博说："我们在孩子面前说话都很正常。最近一周也有性生活。"

我和李湘相视而笑。李湘很有信心能说服晓敏，认为会比说服王博容易很多。

我初步判断晓敏可能也不想离婚。那她主动提起离婚诉讼的目的是什么呢？

王博和李湘商定了两个调解策略：一是调解和好，看能不能在开庭前促成双方重新签订婚内财产协议，让晓敏申请撤诉；二是调解离婚，王博愿意给晓敏25万元离婚出户，孩子抚养权归男方，女方享有每周末一次和寒暑期约一星期的探视权，如果女方愿意让出抚养权，她需要支付的抚养费可以灵活处理，甚至可以按法律规定的最低标准（即她固定收入的20%）支付，王博还愿意给她减免孩子上小学前的抚养费。

敲定了调解策略和方案后，李湘加了吴晓敏的微信，表明了身份与来意。晓敏态度开放，很欢迎李湘居中调解。两人敲定了具体的电话沟通时间。

距离开庭还有三天，接到李湘的电话，晓敏急着解释自己为什么要起诉丈夫："我拿王博一点办法都没有。我已经把他身边的人找了个遍，想让王博的亲友和老师说服他，但都没有效果。他不理我，对我冷暴力。这样下去我会疯掉的。这都是被他逼的。我希望借助诉讼让他清醒点。如果我不诉讼，他也不会主动让李老师您来介入我们的沟通。"

晓敏认为，王博依然执念于买学区房失败导致的所谓数百万元损失，是他不宽容大度。她对生活要求不高，已经有这么多财富，就应该享受生活，而不是背负太多的债务压力，自找苦吃。晓敏抱怨王博太悲观，过分执着于精英教育。她认为，生活开心快乐最重要，不一定要买学区房，孩子也不一定要接受精英教育。

等她抱怨得差不多了，李湘开始剖析王博的不安全感："他是再婚男人，被前妻深深伤害过。他的小气和性情多疑事出有因、情有可原。这不是你的过错,现在让你承受,确实让你受委屈了。王博担心你对他公司的经营造成不好的影响。他不能独立主导个人财富,损失却由他来承担,对他来说确实不公平。你比他小10岁,年轻漂亮,乐观开朗,他是很爱你的,但他也知道喜欢你的人不止他一个,很担心你会出轨。所以,为了消除他的这些顾虑,你愿不愿意和他重新签订一份协议来确认他对财产的完全主导权,让他重新获得安全感呢?王博说,他可以保证,如果他发生意外,他的所有财产将无条件由妻子和儿子全部继承。"

晓敏同意由我们草拟婚内财产协议。李湘提议他们俩一起来她工作室聊聊。晓敏说,她很乐意,恨不得马上成行,但孩子没有人照看,她会想办法安顿好孩子,让李湘先约好王博。

四个小时后,李湘约好了王博晚上一起面谈。晓敏收到王博愿意和她正向沟通的消息,很开心:"我白天故意让儿子一直玩,没让他睡午觉。现在不到6点,儿子已经在家里睡着了。不过我只能在家里等你们来。"李湘回复消息:"理解!我们住得很近,等会儿见!"

五分钟后,晓敏发来两段话:"你先让他明确到底以什么样的前提谈这次话,是离婚还是不离婚。如果是以离婚为前提,我们就只谈孩子抚养权和财产分割。如果他不希望离婚,但对于我们的矛盾不积极解决,不在意我在婚姻里的需求,还是希望各过各的,那就不要浪费时间了,我是不会接受这样的婚姻的。"

李湘回复:"我们初步确认,你们可以通过婚内协议的方式消除彼此的顾虑。刘律师正在起草协议,与王博敲定好协议的大致内容后发给您。您如果可以接受的话,我们晚上见面具体聊。"

晓敏回复:"嗯,那你先跟他沟通协议的事情吧!"

李湘向我口头转述了她们达成的共识。我的理解是,晓敏愿意签婚内财产 AA 制协议。那时候已经晚上 6 点多了,如果要促成当晚的面谈,时间很紧张。我开始与王博沟通具体的婚内财产分别制内容。王博强调,这个协议要能够避免婚前财产协议出现的漏洞,尽量将条款写细。我决定先完全站在我方当事人的利益立场写,充分保障王博的利益,让对方当事人及其律师在这基础上提修改意见。

起草协议的工作往往吃力不讨好,需要不断打磨,往往修改好几版才能定稿。我方负责起草的首个版本一定是要对我方最有利的内容,这样才能留出足够的空间讨价还价。我把协议内容发给王博确认后,发给了晓敏。

婚内财产协议

甲方(男方):王博,身份证号码:××××
乙方(女方):吴晓敏,身份证号码:××××

男女双方经自由恋爱,于 2017 年 × 月 × 日登记结婚,并于 2019 年 × 月 × 日共同生育儿子王×。领取结婚证前,男女双方经平等协商，于结婚当日签订了《婚前财产协议》。双方经过平等友好协商，现就婚后财产制度等相关财产事项作如下约定：

第一条 婚后财产制度

结婚后，男女双方共同确认实行夫妻分别财产制，即婚前及婚后取得的所有财产在谁名下归谁个人所有，排除适用我国的法定财产制度——婚后所得共同制。本条约定溯及既往，即适用于本协议签订前的婚内财产，本条所指财产范围含产生或存在于境内或境外的所有财产，包括但不限于：

1. 劳动收入，如工资、奖金、兼职课酬劳务费、翻译项目劳务费等；

2. 生产、经营的收益，如开设工作室营收、经营培训班利润、佣金等；

3. 投资收入，如投资公司股权及其增值、分红、合伙投资分红、利息、差价等；

4. 接受赠与的收入，赠与人明确赠与双方的除外；

5. 知识产权的收益，如著作权相关收入、独家资料转让收入等；

6. 在一方婚前个人财产基础上产生的其他收益，如房产市场增值、存款利息等；

7. 一方因他人侵权所获得的赔偿或补偿款；

8. 一方作为继承人继承的遗产，但被继承人明确表示由夫妻双方共同继承的除外；

9. 个人名下的债权；

10. 保险的现金价值归投保人个人所有，信托利益归委托人个人所有，与配偶无关；

11. 本协议签订前已有的及签订后新购置、换购的不动产，归购房合同上的买受人及不动产登记权利人个人所有，与其配偶无关；

12. 其他各类财产和收益，如虚拟货币、加密资产等。

第二条 男方对子女的住房和教育保障义务

男方独立负责子女的学区房选购，购房所需首付款及每月按揭还款由男方负责，给子女提供优越的生活环境和保障子女较高的受教育水平；房产所有权归属按第一条约定处理。

第三条 生活费及子女抚养费

鉴于男女双方经济收入差距较大，自本协议签订之日起，双方共同生活产生的生活费以及子女抚养费，按各自的收入比例分摊，主要由男方承担，2022年男女双方按7∶3比例分担，女方承担的具体金额不超过2500元/月；以后每年的具体比例动态调整，男女双方在每年的农历年前，另行协商确定下一年的固定比例和双方承担的具体金额；协商不一致的，按上述2022年方案执行。

第四条 婚后的债务

（一）由于男女双方婚后实行分别财产制，因此，结婚后一方名下所欠债务应视为该方个人债务，由其用个人财产自行承担。

（二）根据《民法典》婚姻法律及相关司法解释的规定，如债权人不知道双方适用分别财产制，仍可主张债务为夫妻共同债务，因此，男女双方在婚后向他人有大额借款前，有义务让债权人知晓本约定的内容。

第五条 财产代持

因生意等需要,婚后双方可能需要配偶代持某些财产,对代持的财产,不以实际记名人或名义持有人为财产所有人,财产的归属应以书面的代持约定为准,归实际所有权人所有,不是夫妻共有财产。在必要时,代持人应将代持财产归还至实际所有人名下。

现女方名下的深圳××文化教育咨询有限责任公司享有的股权份额为代持财产,股权实际所有人为男方,与女方无关。

第六条 夫妻共同财产

结婚后,如产生一定的夫妻共同财产,如他人以明示方式赠与男女双方二人的财产,可以作为共同共有财产处理。

第七条 和谐互谅

结婚后,双方应本着和谐互谅的原则,协商处理日常开支和子女抚养问题,日常主要开支由男方承担,但双方均可自由使用一定的个人财产投入夫妻生活,作为互相赠与及支持。

第八条 法律适用

考虑到双方婚后有移民、变更国籍的可能,特对法律适用作出如下约定:

本协议在中国签订,关于本协议的效力,适用中国法律,本协议效力不受双方婚姻缔结国、经常居住地国、任何一方国籍国、任何一方财产所在地国的法定财产制度的影响。

对本协议内容、条款的解释,适用中国法律,不受双方国籍或居所变更等的影响。

第九条 其他事项

（一）双方均认可，签订本协议内容是自己的真实意思表示，并已向律师咨询了解过中国法律有关规定，也明确签订本协议的法律后果；双方也认可，在签订本协议时身体健康，神志清楚，具备完全民事行为能力。

（二）签订本协议后，若有未尽事宜，双方可另行协商，签订补充协议。

（三）本协议以中文签订，若将来出现协议外文翻译件与本协议含义冲突时，以中文版为准。

（四）本协议自签订之日起生效，壹式贰份，男女双方各执壹份。因本协议发生纠纷的，由违约方和过错方承担解决纠纷的一切费用（包括但不限于对方实际支付的诉讼费、保全费、执行费、鉴定费、评估费、律师费、办案交通费、差旅费等）。

（五）本协议与结婚当日签订的《婚前财产协议》约定或此前其他场合的口头约定、书面约定不一致的，以本协议约定为准。

（以下无正文，为签名处）

男方：　　　　　女方：

　年　月　日　　　　年　月　日

04
谁主张谁举证

晓敏通过微信收到协议的电子版后,彻底被激怒。她反问我们:"有哪个女人会这么蠢,签这样不平等、不公平的协议!"

她似乎完全忘记了在电话里答应给王博"对财产的完全主导权"的承诺。我找李湘要来电话通话录音,确认她的回应是愿意在财产上放手的意思。她理解的王博拥有"对财产的完全主导权",可能不是完全的财产AA制。而我起草、最后经王博确认后发给她的协议写成AA制,是希望她具体提出需要修改的条款。这是双方理解不同的问题,也是在利益冲突的情况下互相试探对方。

王博在微信群里发出"很得意"的表情图,幸灾乐祸地说:"你们终于领教她的出尔反尔了吧。她的本性就是这样。你们能理解我为什么在重要事情上必须用电子邮件沟通而不跟她当面沟通了吧!"

我和李湘哭笑不得。看来,我们之前太乐观了。王博和晓敏之间的问题不单单是两人不想离婚而不自知,自欺欺人地争相要求离婚,我们作为律师和心理咨询师还不能拆穿他们。他们不肯直面和表达对对方爱与忠诚的期待,加上孩子的问题,情况就更复杂了。

吴晓敏说:"我本来对那份婚前协议就心有芥蒂。但那时候感情好，王博能给我足够的安全感，所以就大大方方地签了。现在感情出现变化，我才不会傻傻地再签一份婚内财产协议，把婚后创造的财产约定AA制呢。这样我还有什么保障！"

拦不下这场离婚诉讼，就只能如期开庭了。

开庭那天，我们准时到了，只有王博姗姗来迟。法官让我打电话催他，他抱怨说法院楼下停车位很难找。

法庭上，我方按照既定的策略不同意离婚，我重复着答辩状上的理由："原告吴晓敏自起诉至今，仍一直与被告王博共同生活、同床共寝，夫妻生活照常，在抚养孩子的问题上分工合作。原告吴晓敏的起诉状陈述中并不存在法定离婚事由。我们俩从相爱到结婚生子，相濡以沫，至今六年多，感情基础牢靠。我们之间有一些小的矛盾冲突，但均属所有夫妻间的正常现象，夫妻感情完全可以修复。幼儿不满三岁，需要完整的家，需要父母双方共同努力为其在深圳接受良好教育创造条件。原、被告之间没有根本性的矛盾，恳求法院督促双方相向而行，维持目前孩子可以同时得到父爱和母爱的婚姻。"

我提交的答辩状刻意用"我们"来写。不同的用词给法官传达的亲疏感不同，求和、求不离婚的答辩状偶尔会刻意不用第三人称。

接下来是围绕孩子抚养权和夫妻共同财产举证、质证和辩论。法官、晓敏、王博这三方应该都心知肚明，没有法定离婚事由，双方还住在一起，是不可能判离婚的。法官没有表态，但该走的庭审程序还是中规中矩地走完。

我强调，晓敏经济实力较弱，在深圳没有户口、住房和积蓄，职校的工资不高，无法为孩子提供有良好教育条件的居住环境。针对她起诉状自称"学历条件好"这一点，我特别指出，她两次高考才勉强考上艺术大专，相比王博一路名校毕业的精英教育背景和良好的行为习惯、人际关系，孩子归他会更有利于其健康成长和资本传承。

关于夫妻共同财产，我向法官解释，夫妻一方婚前存款出资的公司，其经营收益未分红前不属于夫妻共同财产。而那套婚前购买、婚后还贷的房子，已经在婚前财产协议约定了其房贷为王博的婚前个人债务，婚前各自产生的债务由各自独立承担。婚后双方切实按书面约定，由王博以婚前存款偿还房贷。

在环环相扣的书面约定下，如果晓敏非要说婚后是以夫妻共同财产偿还房贷，举证责任应该由她来承担。不应该由王博举证证明每月扣房贷的钱来源于婚前存款，否则承担无法证明的不利后果。而应该由晓敏举证证明每月房贷来源于婚后夫妻共同财产，否则承担不能证明的不利后果。法官特别注意到我关于举证责任的说明，王博事后也认可我的临场发挥。

王博在法庭上喋喋不休地列举晓敏偷偷帮助娘家而背负债务、购房决策失误、对家庭经济开支无贡献等种种行为。法官打断他："被告王博，你有没有想过一个问题？晓敏愿意和你签这个婚前财产协议，很不符合中国传统习惯。你们结婚前就把经济和收入分得这么清楚,现在在法庭上,你也反复计算这些经济上的得失。我作为十几年的法官,审理过上百件离婚案。我可以负责任地告诉你,两个人的婚姻家庭和感情生活,不是合伙做生意。生意上的合伙人都没有你家分得这么清楚。你们选择过得像做生意一样,合不来就散伙,这样没有问题。但你们有没有想过,你们的孩子有选择的机会吗?孩子是无辜的!被告,我可以选择给你们一次机会,你们回去都好好想想我说的话。"

王博沉默不语。原告席上的晓敏抑制不住,哭出声音。

我代表被告王博感谢法官给予的和好机会:"我是专门做婚姻家事案件的婚姻律师。本案原被告是我接待过的几百位客户中最有可能和好的夫妻,被告还是我十多年的老朋友。我希望庭后原告能接受我的家事律师团队的介入,大家共同努力修复这段婚姻。"

开庭结束,大家退出到法庭门口的等候区。双方律师找对方当事人面对面沟通。晓敏依然戴着口罩,我只能看着她的眼睛说话。她对我起草的婚内财产协议依然耿耿于怀,质问我站在公允的角度评价这份协议对女性是否公平。我选择背下所有的锅:"这是我们律师一贯以来的工作习惯。协议的内容是我一个人定的。王博还没来得及审核,我就发给了你。这版协议是希望双方就事论事、讨价还价的,没想到直接把你激怒了。我向你道歉,希望大家能消除误会。等你们平静下来,我们团队想邀请你们俩一起来心理咨询工作室好好聊聊。"

晓敏未置可否,但口罩上方的双眼显然比之前明亮了许多,似乎还有了轻松的笑意。

王博主动说:"老婆,坐我的车一起回去接孩子吧,他还托管在老师那里呢。"晓敏毫不犹豫地答应了。我示意对方律师和我赶紧离开。

一个月后,我收到了没有任何悬念的判决书:"本院认为:原、被告对缔结或解除婚姻关系均应持慎重态度,在婚姻生活中产生矛盾时应首先积极寻求消除矛盾的方法,共同维持已建立的婚姻家庭关系。原告应珍惜已建立的家庭,被告应尽力照顾原告的感情。现原告起诉要求离婚,被告认为矛盾没有达到要离婚的程度,原告提供的证据也不足以证明其夫妻感情确已破裂。今后只要原、被告双方发扬互谅、互让、互爱精神,加强沟通,增强互信,夫妻感情和好如初是完全可能的。故对原告的离婚请求,本院不予支持。"

在等待判决书的一个月里,王博和晓敏分别找过我一次。

开庭后第17天,王博找我要离婚协议的模板。我发给他,提醒他最好将他们谈好的离婚条件告诉我,我来帮他们起草离婚协议。

我试探他:"真的决定要离婚吗?现在还没出判决书,如果真的决定离,可以和法官约时间,按调解离婚做笔录。法院直接出的《离婚调解书》,等同于立即发生法律效力的离婚证,比去民政局协议离婚方便。现在去民政局离婚有一个月的冷静期，其间双方都可以合法地反悔。不过，法院调解离婚要按夫妻共同财产分割的金额收取诉讼费。你家的财产这么多，要交数万元诉讼费。去民政局协议离婚是免费的，只收离婚证工本费几块钱。"

他没有选法院调解离婚，而是要我起草了一份《离婚协议书》。我敲定了离婚协议的最终版本发给他。

过了几天，晓敏突然加我的微信，发消息说，她预约了第二天下午两点民政局的离婚登记号，之前说好孩子抚养权归王博，她承担每月2000元的抚养费，但现在他出尔反尔，改口要每月3000元抚养费，理由是法庭上她为了争抚养权自称月收入15000元，按法律规定最低的20%标准算就是3000元。

我笑了笑，知道王博在找借口不想离。但晓敏就真的会坚持离婚吗？我回复晓敏说，会帮她做做王博的思想工作。

第二天的离婚登记又没了下文。

接下来的连续三个周末，我坚持发信息邀请他们来李湘的心理咨询工作室聊聊，但每一次都约不到。

我们期待着，他们俩有一天会主动找上门来。

婚姻中的
34个法律常识

目 录

一、彩礼   01
1. 恋爱期间的大额财物赠与，都算彩礼
2. 如何规避大额财物赠与的风险
3. 过了诉讼时效的彩礼，不需要还

二、离婚的条件   04
1. 男方不得提出离婚的三种情况
2. 没有离不了的婚
3. 六大法定离婚事由及其证据要求
4. "出轨"不是法定离婚事由

三、夫妻共同财产和债务问题   07
1. 出轨是否影响夫妻共同财产的平均分割
2. 离婚协议中的赠与是否享有任意撤销权
3. 婚前全款购买、婚后给配偶加名的房屋，离婚时怎么分割
4. 离婚时，夫妻公司的资产不能直接作为夫妻共同财产分割
5. 如何争取夫妻公司的财产
6. 与第三人恶意串通的债务不是夫妻共同债务
7. 保险不能避债，保单可以被强制执行

四、未成年人的抚养权和姓名变更   14
1. 抚养费的法定标准
2. 非婚生子女的抚养义务
3. 未成年人办理姓名变更手续需父母双方在场

五、家暴　　　　　　　　　　　　　　　17

1. 夫妻之间只要有打骂行为，就一定构成法律上的家庭暴力吗
2. 最容易得到法院采纳的家暴证据
3. 遭家暴报警后，如何能更好地保护自己

六、亲子关系　　　　　　　　　　　　19

1. 如何证明亲子关系
2. 法院出具亲子认定调解书前，要求做亲子鉴定
3. 断绝亲子关系在法律上可行吗

七、遗产纠纷　　　　　　　　　　　　21

1. 法定继承
2. 放弃继承
3. 遗嘱
4. 中国暂未开征遗产税和赠与税

八、诉讼　　　　　　　　　　　　　　23

1. 民事诉讼需要有明确的被告
2. 诉前联调制度
3. 调解是离婚案的必经程序
4. "谁主张、谁举证"的证明责任制度
5. "一事不再理"原则

九、证据　　　　　　　　　　　　　　26

1. 如何证明自己的消费
2. 如何证明自己的劳务报酬和工作成果

一、彩礼

1. 恋爱期间的大额财物赠与，都算彩礼

恋爱期间，男方赠与女方的大额财物，一般只要超过5000元或者1万元，法律上就直接推定为彩礼。分手时要求退还的大额财物可以相加，全数要回。

不管有没有明说是"提亲""礼金""聘金"，也不管有没有明说是"以结婚为目的条件"。只要是大额的财物赠与，法官都会默认为以结婚为目的的"彩礼"或婚约财产；除非女方有证据证明男方明确表达自始至终都是不愿意结婚的，或赠与财物不以结婚为目的。

彩礼在分手时可以要求返还，而且返还彩礼责任是一种无过错责任。法律不问分手的原因是什么，不问结不成婚是谁导致的，更不管是谁先提出分手的。法官只管查明两个人确实已经分手，那么恋爱期间的大额赠与就应该退回，分手原因不是审理的重点。在很多案件里，男方在恋爱期间一脚踏两船的、出事坐牢的，不管什么原因让女方决定不嫁了，男方都能够通过打官司要回彩礼钱。

—— 摘自第一章

2. 如何规避大额财物赠与的风险

法律没有说"大额财物赠与 = 婚约财产"的默认逻辑不允许推翻。

如何打破这种裁判逻辑呢?当对方坚持要送你大额财物、完全不给你拒绝的机会时,我们如何可以在收了对方的巨额财物后,规避被追讨的风险呢?

这需要我们在收受大额赠与之前,反复跟对方确认:你送这么贵重的礼物是什么意思?你对我的爱是不是无条件的?我要是收了你的巨款,以后你对我不好了,会不会要我还给你?你如果执意要送,要我收下也可以,请同时给我写一张条子,白纸黑字写明这钱是不附加任何条件的赠与。

如果对方不敢写这样的条子给你,这个钱就不能收。通过要求写条子或其他有效的方式,你可以准确地测试出对方是不是胸有城府的人。可能你会问,这样试探别人不是很冒险吗?你甚至可能怀疑有没有人愿意写不附带任何条件的证明给你。

这不是教大家算计他人,而是要学会运用法律保护自己。如果不想自己稀里糊涂收下的财物变成随时爆雷的法律隐患,那就请不要轻易接受他人的贵重财物赠与。如果要收,请一定事先进行有效的沟通和确认。

—— 摘自第一章

3. 过了诉讼时效的彩礼，不需要还

中国有句古话"欠债还钱"，但来自西方的现代法律制度告诉你，过了诉讼时效的债不需要还。

《民法典》第一百八十八条第一款规定：向人民法院请求保护民事权利的诉讼时效期间为三年。法律另有规定的，依照其规定。

彩礼返还的保护适用普通的诉讼时效，即三年。如果一方在分手后三年内讨要过，从最后一次讨要时开始重新计算三年的时效，这是打破诉讼时效限制的维权方法，法律上叫作"诉讼时效中断"。

所以，"年底讨债、年关难过"的传统在现代社会依然有其指导意义。不管对方有没有钱，到年底，债主一定要上门讨债。即便欠债人没钱，债主也要见到对方，让对方签字、写日期，这样，债权就不会过诉讼时效。

——摘自第一章

二、离婚的条件

1. 男方不得提出离婚的三种情况

《民法典》第一千零八十二条规定：女方在怀孕期间、分娩后一年内或者终止妊娠后六个月内，男方不得提出离婚；但是，女方提出离婚或者人民法院认为确有必要受理男方离婚请求的除外。

2. 没有离不了的婚

《民法典》第一千零七十九条第五款规定：经人民法院判决不准离婚后，双方又分居满一年，一方再次提起离婚诉讼的，应当准予离婚。

离婚案败诉（即法院判决"不准予离婚"），上诉被驳回的概率十之八九，而且会直接导致一年分居时间的起算点推迟到上诉判决生效之日。所以，如果要离婚，通常律师的建议是不上诉，一审判决生效后六个月，直接第二次起诉。

——摘自第三章

3. 六大法定离婚事由及其证据要求

被告不同意离婚，诉讼就要多次发起，这是离婚案件独有的现象。判决离婚的条件很严苛，奉行"感情确已破裂，无和好可能"的裁判标准，高度依赖法官的主观判断。很多法官不敢轻易认定，得罪不愿意离婚的一方。

判决离婚有没有不依赖法官个人好恶的客观标准呢？法律条文上客观的离婚法定事由有六项：一是重婚或与他人同居；二是实施家庭暴力或虐待、遗弃家庭成员；三是有赌博、吸毒陋习屡教不改；四是因感情不和分居满两年；五是一方被宣告失踪的诉讼离婚；六是第一次被判决不准离婚后又分居满一年。

这六大客观的法定离婚事由的证据要求和证明难度都非常大。

以"因感情不和分居满两年"为例，很多人误以为很容易证明，但婚姻律师最头疼的恰恰是此事由：要如何证明分居事实？如何证明是因感情不和而分居？如何证明分居时间满两年？

在同一屋檐下分房、分床睡都不算分居。如果不能让对方明确承认双方因感情不和分居，那就要有两年前的吵架证据，两年前离家出走的机票、火车票等交通证明，还要有两年以上在外租房的合同、每月交租金和水电费的转账记录等。在这两年里，不能给对方留下回过家、看过孩子的证据，否则很容易被对方拿到法庭上作为证据，让法官有理由相信双方的分居并不是持续的，导致证明分居的努力前功尽弃。

这些证据的搜集和固定都太难了。尤其对已育有孩子、有共同房产、工作事业在同一城市的夫妻双方来说，只要一方故意为难、拒不承认因感情不和而分居，并小心防范、不留证据，主张离婚的另一方想要证明"因感情不和分居满两年"，往往是不可能完成的任务。

—— 摘自第五章

4. "出轨"不是法定离婚事由

单纯的"出轨"不是法定的离婚事由,"有配偶者与他人同居"才是。

《民法典婚姻家庭编解释(一)》第 2 条规定:"与他人同居"的情形,是指有配偶者与婚外异性,不以夫妻名义,持续、稳定地共同居住。

持续、稳定共同居住多长时间,才能构成"与他人同居"这一法定离婚事由呢?国家层面的法律没有进一步明确规定,司法实践中也没有形成统一的标准。

2001 年,广东省高级人民法院曾经出台过一个指导意见,规定"有配偶者与他人同居是指有配偶者与婚外异性共同生活,关系相对稳定,且共同生活的时间达到 3 个月以上"。虽然这个指导意见已于 2020 年因故被废止,目前无法找到法律上对"共同居住时间"的硬性规定,但同居要达到"持续性"的法律仍在,司法惯性决定了"3 个月以上"的旧规定仍会成为法官的重要参考。

司法实践中,除非出轨方自己承认,否则另一方很难收集到对方持续出轨数十天的证据。如果出轨行为只是偶尔的、间断性的,则在法律上并未达到"同居"的程度,不构成法定的离婚事由,而只是法官衡量影响夫妻感情的一个酌定因素。哪怕出轨方明确承认存在出轨行为,或出轨的证据非常充分,法院判决不准予离婚的判例也比比皆是。

同理,如果一方单纯的出轨行为没有严重到"持续、稳定的共同居住",也不构成法定的精神损害赔偿事由。被出轨的一方诉讼离婚时主张精神损害赔偿,往往难以得到法院支持。

—— 摘自第五章

三、夫妻共同财产和债务问题

1. 出轨是否影响夫妻共同财产的平均分割

《民法典》生效前,出轨不影响夫妻共同财产的平均分割。所以,影视作品里"出轨就净身出户"的桥段是很不负责任的。"对方出轨,我就可以要他净身出户",这是社会大众对婚姻法最大的误解和谣言。

《民法典》生效后,出轨会影响财产分割吗?目前情况不太明朗。

《民法典》规定,在夫妻财产分割时增加"照顾无过错方"的原则。这个原则为法官判决出轨者少分或不分财产留出了空间和余地。但有多少法官敢运用,就很难说了。按照原有的司法惯性和法官群体趋利避害的裁判心理推测,光靠一条模糊的法律规定,出轨事实是无法影响离婚财产的分割的,除非最高人民法院出台新的明确的司法解释规定。

—— 摘自第五章

2. 离婚协议中的赠与是否享有任意撤销权

（1）《民法典》第六百五十八条第一款：赠与人在赠与财产的权利转移之前可以撤销赠与。

情侣吵架时，男方写协议说，"一个月后无条件赠与女方 100 万元"。男方不赠与，女方能不能起诉呢？法律规定，在 100 万元没有实际给予女方之前，男方可以单方面反悔。以此类推，商业上、亲情中任何口头或书面的赠与承诺，只要赠与物还没有实际给予，法律上都可以不算数。

（2）《婚姻法司法解释（二）》第 8 条：离婚协议中关于财产分割的条款或者当事人因离婚就财产分割达成的协议，对男女双方具有法律约束力。

法律没有明文规定离婚协议中的赠与是否享有任意撤销权，但最高法院的指导案例支持"离婚协议不是赠与合同"的观点——

第一，整体性观点：离婚协议是包括离婚意愿、子女抚养、财产分割、婚内贡献补偿、过错赔偿等事项在内的完整协议，不应允许一方把其中某项财产分割安排单独拿出来撤销，否则就破坏了其他安排事项的利益平衡。

第二，目的性观点：离婚协议主要是为解除双方婚姻关系的目的而设。一方基于离婚事由将自己婚前的个人财产处分给另一方的行为，可认定为一种目的赠与行为。在双方婚姻关系事实上因离婚协议得以解除且离婚协议的其他内容均已履行的情况下，应视为赠与人赠与财产的目的已经实现，故其赠与依法不能随意撤销。

第三，优先性观点：离婚协议中的赠与条款，不同于一般婚内财产协议中的赠与条款，应分别适用不同的司法解释条文。

—— 摘自第六章

3. 婚前全款购买、婚后给配偶加名的房屋，离婚时怎么分割

对于此问题，国内没有明确的法律规定，司法实践中的判法五花八门。

婚前全款买房、婚后加名的离婚房产分割纠纷在江浙沪地区有可能判被加名方获得 20% 的份额，而珠三角地区的过往案例几乎全部判五五分。

在 (2020) 浙 01 民终 4427 号案中，男方婚前一次性付清房款买房。婚后，男方在房产证上加上了妻子的名字。夫妻双方共同出资对房屋进行装修，并买了停车位。两人一起还清男方婚前为了买房欠下的债务。五年后，双方在法院调解离婚。

女方后来向前夫提起离婚后财产纠纷诉讼，要求分割所有的婚内财产，包括要求判令这套男方婚前全款购买、婚后加名和共同出资装修的房屋归女方所有。

二审时，杭州市中院认为，共同共有财产的分割应考虑共有人对财产的贡献大小等因素。案涉房屋系男方于婚前购买并付清全部房款，且在双方离婚后仍由男方居住管理，在双方均主张房屋所有权、男方明确表示不同意竞价的情况下，一审法院确定由男方取得房屋所有权，并无不当。同时，结合男方婚前付清房屋全款、婚后夫妻双方共同偿还债务的数额、结婚时间长短等因素，一审法院判令由女方取得房屋 20% 的份额，由男方以双方认可的房屋价值为基数给予女方相应折价款，应属合理。二审法院驳回了女方的上诉，维持了一审判决。

上述个案可以说明，在离婚诉讼的房产分割中，出资方可以着重强调其出资贡献、居住管理历史、结婚时间长短，加名时间与诉求离婚时间是否接近，和加名赠与的本意是附有维持婚姻的先决条件等因素。

—— 摘自第五章

4. 离婚时，夫妻公司的资产不能直接作为夫妻共同财产分割

个人独资企业在财产、责任和人格方面是家企不分的，即个人独资企业的财产直接等同于投资者的财产。

而公司是有独立法人资格的。公司是"人"，和股东一样。公司的资产属于公司，不属于股东，不能把公司理解为股东的所有物。法律上，股东不享有对公司的所有权，股东不能像对待自己的私有物一样随意处置公司的资产。哪怕夫妻公司只有夫妻两个股东，夫妻也不能把公司的资产当成双方共同的家庭资产。公司经营收益没有按照公司法规定以通过股东会投票决议的方式实际分红之前，都属于公司的资产，股东离婚不能直接分割公司财产。

股东对公司没有所有权，只有股权，股权和所有权不一样。离婚时，夫妻一方只能要求分割股权，而不能要求直接分割夫妻名下公司的资产。

公司的财产不属于夫妻共同财产，在离婚诉讼期间会不会被转移？很有可能，而且夫妻一方不能通过法院阻止公司通过一系列交易转移资产。因为公司是独立的法人，它的经营和决策是不受股东私人的离婚诉讼影响的。公司可以在离婚诉讼期间通过一系列交易合同，甚至以纠纷诉讼的方式，把利润和资产输送给其他组织或个人。可以说这是钻法律漏洞，但法律确实优先保护公司的经营自主权，夫妻双方不能在离婚诉讼中要求查封、冻结公司名下的资产，或干扰公司的正常经营。

—— 摘自第二章和第八章

5. 如何争取夫妻公司的财产

股东可以另案提起公司解散诉讼、股东知情权诉讼、公司盈余分配诉讼，甚至申请公司清算等，将分红权、解散权等股东权利，通过上述商事诉讼变成实实在在的个人财产所有权，夫妻才能按离婚后财产纠纷分割共同财产。而这些商事诉讼适用的是《公司法》，而不是《民法典》婚姻法律的相关规定。

公司的法人独立财产权制度对主要承担家庭责任的夫妻一方很不利。特别是全职太太，丈夫在外面开公司赚多少钱，那都是公司的钱，法律上不是丈夫的钱。妻子很难分到公司账上的钱。丈夫如果不想分，他可以用很多种合法手段让妻子一分钱都拿不到。弱势一方可以怎么办呢？最好的办法是通过婚前协议或婚内协议的方式有效沟通，白纸黑字约定公司股权和个人财产的分配方案。反过来，优势一方也可以通过婚前协议或婚内协议，强化自己对公司股权及其经营上的绝对控制权。

"夫妻公司"注册时，夫妻股权比例的配置往往带有随意性或者出于形式上的需要。除非夫妻双方对夫妻关系存续期间的财产有约定，否则公司注册登记机关的夫妻股权比例的配置不能反映夫妻实际权益的分配，也不能作为夫妻财产所有权份额的依据。夫妻公司的股权分割应按照《婚姻法司法解释（二）》第 15 条的规定，"协商不成或者按市价分配有困难的，人民法院可以根据数量按比例分配"。

—— 摘自第八章

6. 与第三人恶意串通的债务不是夫妻共同债务

根据《婚姻法司法解释（二）》第 24 条（俗称"24 条婚规"）规定，夫妻关系存续期间，一方在外所欠的债务应当按夫妻共债处理，即便离婚，一方也会背上前任在婚内的对外欠债。

2017 年 2 月 28 日，最高人民法院发布补充规定，在《婚姻法司法解释（二）》第 24 条基础上增加两款，与第三人恶意串通的债务，及从事赌博、吸毒等违法犯罪活动中的债务，不是夫妻共债。但这依然坚持"夫妻一方对外欠债，默认为夫妻共债"，没有解决司法实践中大量离婚被欠债的问题。

2018 年 1 月 18 日起实施的《最高人民法院关于审理涉及夫妻债务纠纷案件适用法律有关问题的解释》第三条规定："夫妻一方在婚姻关系存续期间以个人名义超出家庭日常生活需要所负的债务，债权人以属于夫妻共同债务为由主张权利的，人民法院不予支持，但债权人能够证明该债务用于夫妻共同生活、共同生产经营或者基于夫妻双方共同意思表示的除外。"夫妻一方的对外债务，法律改为默认是一方的个人债务，不再是夫妻共债，如果债权人不服、要求按夫妻共债偿还的，必须证明属于以上三种情况之一。

这个夫妻共债规定被 2021 年生效的《民法典》全盘采纳，成为其第一千零六十四条规定。

—— 摘自第二章

7. 保险不能避债，保单可以被强制执行

（2021）最高法执监 35 号案中，甘肃省一对夫妻生意失败，债主告到法院要求还钱，向法院申请强制执行夫妻大额人寿保单的现金价值，要求保险公司强制退保，并划扣这九份保单的已交保费。三级法院均裁定可以强制执行保单的现金价值，裁判要旨是：

1. 保险以人的生命和身体作为保险标的，兼具人身保障和投资理财的功能。人寿保险是一种较为普遍的投资理财方式，投保人可以获取利息等红利收入，还能以保单现金价值为限进行质押贷款。保单本身有储蓄性和有价性，投保人可通过随时解除保险合同提取保险单的现金价值。保单的现金价值基于投保人缴纳的保险费形成，是投保人依法享有的财产权益。

2. 保单的现金价值属于投保人的财产，但该财产不具有人身依附性和专有性，不是被执行人及其扶养家属必需的生活物品和生活费用，不属于按规定不得执行的财产。

3. 根据《保险法》的规定，在保险期内，投保人可以通过单方自行解除保险合同，提取保险单的现金价值。在投保人不能清偿债务，又不自行解除合同、提取保单现金价值还债的情况下，法院有权强制替代被执行人对保险单的现金价值予以提取。

4. 被执行人负有积极采取措施履行生效判决的义务。在无其他财产清偿债务的情况下，被执行人应主动依法提取保险单的现金价值偿还债务。

—— 摘自第二章

四、未成年人的抚养权和姓名变更

1. 抚养费的法定标准

《民法典婚姻家庭编解释（一）》第49条规定："抚养费的数额，可以根据子女的实际需要、父母双方的负担能力和当地的实际生活水平确定。有固定收入的，抚养费一般可以按其月总收入的百分之二十至三十的比例给付。负担两个以上子女抚养费的，比例可以适当提高，但一般不得超过月总收入的百分之五十。无固定收入的，抚养费的数额可以依据当年总收入或同行业平均收入，参照上述比例确定。有特殊情况的，可以适当提高或者降低上述比例。"

抚养费双方协商不成的，标准一是按当地的实际生活水平确定，所以是普通收入家庭的生活水平，不是富裕家庭的生活水平；标准二是子女的实际需要，这也是参照普通收入家庭的孩子的必要开支，昂贵的辅导班、兴趣课、家庭教师支出等，都难以通过诉讼的方式要求对方承担；标准三是父母双方的负担能力，衡量标准不是已有财富，而是父母每月的固定收入，没有固定收入的，参照他所属行业的平均收入。这三条标准，法院是同时适用的，而且法官往往倾向于"就低不就高"，所以司法实践中法官判下来的抚养费普遍偏低。

如果有人说抚养费一定会在对方总收入的20%～30%范围内判决，这种思路是不对的，没有考虑当地生活水平，也没有考虑孩子的实际需要。要尽可能多地争取抚养费，思路只能是证明并合理解释孩子的实际支出，同时想方设法证明对方较高的收入水平。

—— 摘自第四章

2. 非婚生子女的抚养义务

生育决定权是女性独有的权利，生育子女不需要男女双方的合意，女性单独决定即可。

司法实践中的主流观点是，男方的生育权仅限于选择发生性行为的对象、时间和地点，男方完成性行为之后，就丧失了对生育与否的决定权，而由女方完全主导。儿童利益最大化原则，是世界各国未成年人民事权益保护的最重要原则，"在涉及未成年人的民事诉讼中，均应该从儿童保护角度出发，在利益衡量取舍之时，应优先考虑儿童利益"。

因此，即便是女方完全主导的生育决定，根据儿童利益最大化原则，非婚生子女的抚养费用应当由男女双方平均负担。男方必须相应地承担责任，如分摊女方分娩的费用和孩子的抚养费等。

—— 摘自第四章

3. 未成年人办理姓名变更手续需父母双方在场

法律规定，未成年子女要改姓名，父母双方一定要同时到场签署同意的书面声明。父母有任何一方不到场的，公安机关有权拒绝为其办理姓名变更手续。

在（2015）佛南法樵民一初字第435号案中，一对夫妻生育了一个女儿和一个儿子。后来双方协议离婚，约定婚生女儿由男方抚养并承担抚养费，婚生儿子由女方抚养并承担抚养费，儿子的户籍、姓氏跟随女方。领到离婚证后，男方反悔，拒不配合女方到公安部门办理儿子张某丙的姓氏变更手续。女方向法院提起民事诉讼，"请求判令男方协助将儿子改为随女方姓氏"。法院最终判决驳回女方的诉讼请求。

法官在判决书中这样写道："我国《婚姻法》第二十二条规定，'子女可以随父姓，可以随母姓'。这是我国婚姻法对子女姓氏自由的规定，子女有自由选择姓氏随父还是随母的权利。本案中，原被告的婚生儿子有自由选择姓氏随父还是随母的权利，但由于其尚未成年，该权利应由其父母共同行使。原告主张原、被告签订的离婚协议约定儿子姓氏随母，被告应配合变更儿子姓氏，但选择姓氏是一种自由权利，不是义务，被告作为父亲在儿子未成年的情况下享有与原告同等的决定儿子姓氏的权利，虽然被告曾经承诺儿子姓氏随母，但是被告现在已明确表示不愿意儿子变更姓氏，姓氏自由作为一种自由权利，不应受到强制。原、被告作为其父母在选择其姓氏的问题上具有同等的权利，应共同协商解决，在未协商一致的情况下，原告要求被告配合变更儿子姓氏随母，依据不足，本院不予支持。"

—— 摘自第三章

五、家暴

1. 夫妻之间只要有打骂行为,就一定构成法律上的家庭暴力吗

这个问题是有争议的。我国的《反家庭暴力法》第二条规定:"家庭暴力,是指家庭成员之间以殴打、捆绑、残害、限制人身自由以及经常性谩骂、恐吓等方式实施的身体、精神等侵害行为。"根据这一条,家暴的认定不要求后果严重性。但《婚姻法司法解释(一)》明确规定,"造成一定伤害后果的行为",家暴才成立。

—— 摘自第五章

2. 最容易得到法院采纳的家暴证据

最容易得到法院采纳的家暴证据是三大件:报警后的笔录证据,当天的就医记录,对方自认打人的悔过书、保证书或录音、聊天记录。近年,手机录音录像和家庭监控摄像普及,诉讼中偶见仅仅依靠恰巧录到的录音、录像证据可以被认定构成家庭暴力的证据。

—— 摘自第二章

3. 遭家暴报警后,如何能更好地保护自己

很多人以为,发生家暴后只要报警和拿到报警回执就万事大吉了。目前全国公安机关对家暴警情的处理非常不统一。哪怕是在大家公认法治水平和政府部门服务意识比较高的珠三角地区,派出所对家暴报警冷处理或不处理的现象也比比皆是。一线民警认为警察难断家务事,能不介入尽量不介入。这导致受害者起诉到法院后根据报警回执申请调取该报警处置的相关档案资料时一无所获——当初出警部门根本没有做任何调查笔录和相关证据的收集、固定。

受害者遭家暴报警后,应该向接警的警务人员详细反映情况,要求其当即接收、收集和固定证据,诸如调取、封存监控摄像记录,现场损坏情况拍照,督促其第一时间对涉案双方当事人做笔录并在笔录上签名,启动验伤程序,要求根据《反家庭暴力法》的规定出具《家庭暴力告诫书》等。公民有权利要求警方采取上述措施保护自己。

—— 摘自第二章

六、亲子关系

1. 如何证明亲子关系

在民事纠纷中，没有任何一条法律可以强制个人做亲子鉴定。《民法典婚姻家庭编解释（一）》第三十九条第二款规定："父或者母以及成年子女起诉请求确认亲子关系，并提供必要证据予以证明，另一方没有相反证据又拒绝做亲子鉴定的，人民法院可以认定确认亲子关系一方的主张成立。"

这款条文没有赋予法院可以强制执行亲子鉴定的权力。但我们可以在亲子鉴定之外，收集其他必要的证据，只要能够形成相互印证、证明存在亲子关系高度可能的证据链，就可以要求对方做亲子鉴定。虽然不能强制，但对方的拒绝视为默认，法院可以据此推定存在亲子关系。

可以辅助证明亲子关系的证据主要有：受孕时间点的恋爱、同房证据，陪同产检证据，产期陪护、手术签字证据，月子期间照顾证据，孕产期医药费等相关费用凭证，孕产物品的购买支付凭证，出生后以父/母亲身份亲子相处的证据，和抚养费的支付证据等。

—— 摘自第四章

2. 法院出具亲子认定调解书前，要求做亲子鉴定

在离婚纠纷中，如果双方都明确承认了亲生孩子的事实，为什么法官还要在出具亲子认定调解书之前要求做亲子鉴定呢？

身份关系的认定是法院依职权调查的范围，不是双方当事人承认就能够认定的，否则法院很容易被利用来逃避债务、规避责任。现在法院系统内部有统一要求，身份关系认定必须有相关部门具法律效力的文书，而不能光靠双方承认。

没有真正血亲关系的两方，如果别有用心地到法院打官司承认亲子关系，而法院没有亲子鉴定报告就草率地出具有法律效力的亲子认定调解书，这个法律漏洞就有可能被一方以履行调解书确认的巨额抚养费支付义务之名，将自己的财产合法地转移给另一方，逃避债务、税务等。前者的债权人将无可奈何，后者的逃税行为会让国家蒙受损失。

—— 摘自第四章

3. 断绝亲子关系在法律上可行吗

在法律上解除亲子关系，唯一的方法是由亲生父母将未成年子女合法送养给他人。影视作品里断绝亲子来往的声明、血书，或划清界限的表态、"发毒誓"，现有的中国法律都不承认可以起到断绝父母子女间法律关系的效力。

—— 摘自第四章

七、遗产纠纷

1. 法定继承

《民法典》第一千一百二十七条：

遗产按照下列顺序继承：

（一）第一顺序：配偶、子女、父母；

（二）第二顺序：兄弟姐妹、祖父母、外祖父母。

继承开始后，由第一顺序继承人继承，第二顺序继承人不继承；没有第一顺序继承人继承的，由第二顺序继承人继承。

本编所称子女，包括婚生子女、非婚生子女、养子女和有扶养关系的继子女。

本编所称父母，包括生父母、养父母和有扶养关系的继父母。

本编所称兄弟姐妹，包括同父母的兄弟姐妹、同父异母或者同母异父的兄弟姐妹、养兄弟姐妹、有扶养关系的继兄弟姐妹。

2. 放弃继承

《最高人民法院关于适用<中华人民共和国民法典>继承编的解释（一）》第三十五条：继承人放弃继承的意思表示，应当在继承开始后、遗产分割前作出。遗产分割后表示放弃的不再是继承权，而是所有权。

3. 遗嘱

《民法典》第一千一百三十四条

自书遗嘱由遗嘱人亲笔书写，签名，注明年、月、日。

《民法典》第一千一百三十五条

代书遗嘱应当有两个以上见证人在场见证，由其中一人代书，并由遗嘱人、代书人和其他见证人签名，注明年、月、日。

《民法典》第一千一百四十条

下列人员不能作为遗嘱见证人：

（一）无民事行为能力人、限制民事行为能力人以及其他不具有见证能力的人；

（二）继承人、受遗赠人；

（三）与继承人、受遗赠人有利害关系的人。

4. 中国暂未开征遗产税和赠与税

父母把财产留给子女，可以通过生前的赠与或死后的继承；不管是哪一种方式，目前的中国法律都没有对此征税一说。而境外部分发达国家或地区为了抑制贫富差距，会开征高达 40% 的遗产税。

中国会开征遗产税和赠与税吗？除了 1996 年全国人大批准的"九五"计划中曾出现过"逐步开征遗产税和赠与税"的表述外，这二十多年来，国内从未将其列入正式的立法规划。

—— 摘自第二章

八、诉讼

1. 民事诉讼需要有明确的被告

《民事诉讼法》规定，向法院提起诉讼的条件之一是有明确的被告。法院通常要求提供被告的身份证复印件，就是要确定被起诉的是谁。大至买房、开设银行账户，小至注册微信、微博等社交账户，都要求提供身份证信息或实名人脸认证，就是因为这条法律规定。大机构的用户数以亿计，产生纠纷在所难免，有身份信息才能锁定被告。一旦发生纠纷，才能通过司法途径解决问题。

而很多人，就像本书第四章中的小美一样，是没有这种风险意识的。婚恋纠纷中，不知道对方身份证号码的情侣不在少数，甚至被欺骗感情或财物后，才发现对方连姓名都是假的。

如果不知道对方的身份证号码，有没有补救方法呢？把姓名、籍贯和出生日期等信息写入起诉状后，可以到法院的立案大厅申请一份《立案补充材料通知书》，再到公安户政部门申请查询人口信息，这样就可以拿到被告的身份证明，最后回到法院正式立案。

—— 摘自第四章

2. 诉前联调制度

诉前联调，是珠三角地区的法院特别喜欢用的制度。每年 11 月开始，每个法院都面临结案率的考核压力。如果法官被分派到大量案件，又不能在年底前结案，绩效和年终奖都会受影响。

离婚案是法律明确规定要先调解的其中一类案件。基层法院发明了"诉前联调"制度：公民申请立案时会被告知一个非正式的诉前联调案号，等法院安排的调解员介入失败后，才会正式立案；但少有法院在诉前调解阶段会认真介入调解。如果当事人不是催得特别紧，律师通常会任由法院先调解 1 至 2 个月再催促立案。

—— 摘自第二章

3. 调解是离婚案的必经程序

调解贯穿离婚案件的全过程。立案前，立案庭会问能不能调解，安排时间促成双方调解。开庭的过程中，法官会问双方能不能调解，有什么分歧，想办法促进双方调解。开庭结束后，法官也会当庭问双方能不能调解。调解遵循自愿原则，前提是双方都有意愿接受调解。

法律上，离婚案件以外的民事案件在已经委托代理人的情况下，当事人是可以不出庭的，法官没有权力强制当事人到庭。离婚案中，法官要求当事人出庭，一般是基于查清双方的感情状况和调解的需要，希望当事人双方能够当面、当庭解决问题。

根据法律规定和调解原理的需要，原被告双方和法官本人在调解阶段说的话，都不得记录，不得作为证据使用，不得用以控告法官存在偏袒。

—— 摘自第一章和第三章

4. "谁主张、谁举证"的证明责任制度

民事诉讼中"谁主张、谁举证"的证明责任制度意味着,绝大多数证据需要当事人提供,法院只是根据双方的主张和证据中立地裁判。法官就像体育比赛的裁判员,不会亲自下场主动收集对一方有利的证据。如果当事人对自己的主张没有提供证据,当事人本人就要承担败诉的风险和后果,不能怪罪法院没有为其收集有利证据。法律上为什么要有证明责任的分配制度呢?一是法院的司法资源有限,承担不起每个个案调查的负担;二是让法院保持中立。

—— 摘自第四章

5. "一事不再理"原则

"一事不再理"原则,又称禁止重复起诉原则,是指判决、裁定已经发生法律效力的案件的被告人不得再次起诉和被审理。这个原则不允许任何一方反复诉讼,以维护国家司法一锤定音的权威,节约诉讼资源,保护当事人的合理预期,避免不必要的讼累,和保障社会秩序。

"一事不再理"原则中的"一事"要求"三同":相同当事人、同一案件事实和同一诉讼标的。

—— 摘自第六章

九、证据

1. 如何证明自己的消费

学过证据学的人都知道,要证明一个人没做过某件事情,比如要证明你的银行卡不是你用的,往往非常困难。情侣恋爱时,把自己银行卡给对方用,或把信用卡、借呗等网贷额度给对方用,风险特别大。

但可以通过银行卡流水和不在场证明等证据,证明某些消费是否自己进行的。

找到涉案银行卡的开卡营业厅,打印银行卡流水,整理出取款与消费支出的具体网点。对照日历,标注出每一笔取款和消费的日期,找任职单位或其他机构/个人出具工作在职证明、上下班出勤记录或其他可证明不在场的文件,拼接成各环节能够相互印证的证据链,来证明某些消费是否自己所为。

—— 摘自第一章

2. 如何证明自己的劳务报酬和工作成果

找公司工作文件、工作证、考勤记录、社保缴费记录、工作邮件与客户的合照等,形成相互印证的证据链,证明自己的某些报酬是劳务所得。

—— 摘自第一章